CABALA

Uma Breve Introdução para

CRISTÃOS

Dra. Tamar Frankiel

CABALA

Uma Breve Introdução para

CRISTÃOS

Tradução

CINTIA DE PAULA FERNANDES BRAGA

Editora
Pensamento
SÃO PAULO

Título do original: *Kabbalah — A Brief Introduction for Christians.*

Dados Internacionais de Catalogação na Publicação (CIP)
(Câmara Brasileira do Livro, SP, Brasil)

Frankiel, Tamar
Cabala : uma breve introdução para cristãos / Tamar Frankiel; tradução Cintia de Paula Fernandes Braga. — São Paulo : Pensamento, 2009.

Título original: Kabbalah : a brief introduction for Christians.
ISBN 978-85-315-1613-9
1. Cabala 2. Cabala e cristianismo I. Título.

09-10635 CDD-296.16

Índices para catálogo sistemático:
1. Cabala e cristianismo 296.16

O primeiro número à esquerda indica a edição, ou reedição, desta obra. A primeira dezena à direita indica o ano em que esta edição, ou reedição, foi publicada.

Edição	Ano
1-2-3-4-5-6-7-8-9-10-11	09-10-11-12-13-14-15

Direitos de tradução para a língua portuguesa
adquiridos com exclusividade pela
EDITORA PENSAMENTO-CULTRIX LTDA.
Rua Dr. Mário Vicente, 368 — 04270-000 — São Paulo, SP
Fone: 2066-9000 — Fax: 2066-9008
E-mail: pensamento@cultrix.com.br
http://www.pensamento-cultrix.com.br
que se reserva a propriedade literária desta tradução.

Sumário

Agradecimentos

Minha descoberta pessoal da cabala foi algo totalmente inesperado. Quando olho para trás, vejo a singularidade dessa jornada espiritual, pois na verdade nunca tomei qualquer decisão em relação a ela; vi-me, no entanto, puxada, atraída adiante, como que por alguma força inefável. Talvez não haja melhor exemplo de causação do futuro. Ele obviamente ainda não está definido na vida, e depende dos atos da pessoa; não se deve, no entanto, duvidar do fato de que há *algo* ali, atraindo-nos adiante. Foi assim com minha jornada em direção à espiritualidade judaica, relacionada à descida (como dizem os místicos) para o interior do mundo intrincado da cabala.

Sou muito grata a Deus pela direção que minha vida tomou. Quero também agradecer àqueles que Ele colocou ao longo do meu caminho para me conceder os dons e os gentis empurrões de que eu precisava para avançar.

Meus professores universitários de História das Religiões na Miami University e University of Chicago me ajudaram a adquirir habilidades de pesquisa e pensamento crítico que me foram úteis através dos anos, apesar de muitos provavelmente se surpreenderem com o tipo de tesouros que escolhi escavar com elas. Meus mestres rabinos, vários deles de tradição hassídica, do Chabad-Lubavitch e de Breslov, têm sido os melhores guias que se poderia imaginar nos conceitos do misticismo judaico, pois se dispuseram a me ensinar o básico tantas vezes quantas fossem necessárias. São numerosos demais para que eu possa mencionar cada um deles, mas preciso agradecer ao rabino Chaim Dalfin, o primeiro a me ensinar sobre o *Tanya*, um clássico da filosofia hassídica, ao rabino Chaim Citron, que estruturou uma abordagem significativa à análise textual, e ao rabino Avrohom Czapnik, que me inspirou com sua maneira peculiar de extrair aplicações práticas de cada revelação mística. Também tive a sorte de ter trabalhado com o rabino Aaron Parry em outros projetos; um pouco do que aprendi com ele foi incorporado aqui.

Agradeço também a todos os que estão trabalhando diligentemente na tradução e interpretação de materiais inacessíveis durante tantas décadas e séculos. O número de livros sobre misticismo judaico disponíveis ao leitor contemporâneo no idioma inglês simplesmente surpreenderia nossos ancestrais. Eu gostaria especialmente de mencionar os rabinos Chaim Kramer e Avraham Greenbaum, e o Breslov Research Institute, cuja obra de disseminação dos ensinamentos do rabino Nachman constitui um modelo de excelência, combinando diligência e paixão pela verdade espiritual. Minha âncora em meio a esses estudos tem sido a sabedoria do rabino Abraham Isaac Kook. A Paulist Press publicou um livro de seleções dos seus escritos há mais de 25 anos, que meu marido e eu recebemos como presente de casamento e que agora é o livro mais manuseado em nossa biblioteca. Desde então, foram produzidas algumas outras seleções em inglês, e eu também tive a felicidade de poder estudar trechos desses escritos no original hebraico. Quando outras partes dessa obra forem traduzidas, com certeza seu autor será considerado um dos grandes visionários contemporâneos.

Algumas das correntes da minha vida espiritual começaram a confluir com mais segurança há aproximadamente dez anos. Em 1996, encontrei Connie Kaplan e me tornei uma ávida estudiosa de seus ensinamentos sobre sonhos e contratos de alma, cada vez mais certa de que as informações que ela me transmitia apoiavam e aperfeiçoavam meu trabalho sobre misticismo judaico. Quando ela começou seu doutorado em Espiritualidade da Criação em 1998, indicou-me as interessantes obras do cosmólogo e matemático Brian Swimme e do biólogo Rupert Sheldrake. Um pouco mais tarde, minha colega e amiga na Claremont School of Theology, Ann Taves, me apresentou a David Griffin, cujos trabalhos em parapsicologia e filosofia me fascinaram e encorajaram. Todos esses amigos, oriundos de diferentes denominações cristãs, vinham em busca da descoberta da espiritualidade. Eu tive a oportunidade de ministrar cursos sobre teologia e misticismo judaico na University of California, em Riverside, o que fez com que mais peças do meu quebra-cabeça se ajuntassem.

Nesse meio-tempo, enquanto trabalhava com Judy Greenfeld em dois livros sobre oração, aprofundei meus estudos dos aspectos práticos do misticismo. Ela, Randi Rose, Toba August e Joyce Kirsch ouviram pacientemente minhas primeiras tentativas de elucidar os ensinamentos cabalísticos sobre as *sefirot* enquanto lutava para compreendê-los e incorporá-los a minha vida. Outros participantes de seminários que apresentei com Judy e Connie me ofereceram sua valiosa opinião em relação ao meu trabalho. Tenho uma dívida enorme para com todas essas pessoas.

Agradeço ainda à minha turma de cabala do verão de 2000, que me ajudou a dar os últimos retoques na apresentação, especialmente a Dena Glaser, Sara Koplin e Leah Schnall; a Randi, Sara e Anne Brener, que leram minhas primeiras versões do *The Gift of Kabbalah: Discovering the Secrets of Heaven, Renewing Your Life on Earth* (Jewish Lights), que serviu de base para este livro; a meus alunos e colegas na Academy for Jewish Religion, Califórnia, onde tenho lecionado sobre misticismo, liturgia e religião comparativa nos últimos cinco anos; a Stuart M. Matlins, proprietário da Jewish Lights, Emily Wichland, e a toda a equipe da Jewish Lights que me ajudou a levar essa obra à sua produção final.

Preciso avisar que eu não poderia assumir o papel de uma autoridade em cabala, mas apenas o de uma investigadora capaz de contribuir com alguns talentos. Posso dizer que tenho estudado profundamente os ensinamentos místicos judaicos e outros semelhantes em tradições diferentes, e que tenho aplicado o conhecimento de que disponho hoje, sem tentar impô-lo a qualquer parte ou denominação específica. Eu assumo, obviamente, toda responsabilidade por qualquer erro de fato ou de interpretação.

Espero que este livro ajude você a ver Deus, o universo e cada um de nós como colaboradores na Criação. Meu maior desejo é que todos nós possamos viver inspirados por uma visão de "unidade íntegra", para parafrasear o físico David Bohm, e da unidade divina por detrás da aparente multiplicidade. Assim poderemos talvez esperar cumprir o que a tradição rabínica identificou como a missão do homem: "criar um lugar de repouso" para Deus, ou, como dizem os mestres hassídicos, impregnar o mundo inteiro com a divindade.

INTRODUÇÃO

Uma nota sobre a história da cabala

Cabala, o termo popular que define o misticismo judaico, vem da raiz hebraica que significa "receber"; por isso, cabala é a tradição recebida. Esse termo, cuja utilização tem se expandido muito, foi usado originalmente para se referir apenas ao misticismo judaico medieval, que provavelmente se originou vários séculos AEC, com o estudo dos aspectos esotéricos da Torá escrita (os cinco primeiros livros da Bíblia), a contemplação de visões proféticas, como as de Ezequiel e Isaías, e tradições apocalípticas. Sabe-se de rabinos específicos que ensinaram teologia e prática mística nos primeiros séculos da Era Comum. Alguns eruditos acreditam que os gnósticos dos primórdios de nossa era (aproximadamente 100 a 200 EC) desenvolveram suas ideias a partir de um núcleo de tradição mística judaica que já existia desde antes do século I. Alguns de seus textos datam, em sua primeira versão escrita, do século II ou III da EC e possivelmente de antes, mas sabemos muito pouco sobre sua transmissão e interpretação naquele período. Com base nesses ensinamentos fascinantes que chegaram até nós, é muito provável que os místicos tenham limitado sua atividade docente a pequenos círculos, por temerem ser considerados cultural e até mesmo politicamente subversivos em vários aspectos.[1] Ainda assim, no longo prazo, seu pensamento foi muito influente. O livro de orações judaico tradicional, que foi compilado e circulou em sua forma escrita pela primeira vez no século VIII EC, incorpora ideias místicas profundas.

Quaisquer que fossem as razões para o segredo inicial, a cabala, em suas várias interpretações, se tornou mais conhecida na Idade Média, apesar de os mestres dessa época ainda terem enfatizado a transmissão oral e direta de professor para aluno. Entre as obras mais famosas ensinadas pelos mestres místicos da Europa, estavam o *Sefer Yetzirah* (a mais antiga obra mística conhecida, provavelmente do século II) e o *Bahir* (do século XI). As principais escolas místicas existiram em território germânico, no sul da França e na Espanha, onde o famoso *Zohar* foi publicado no final do século XIII. Um comentarista bíblico muito importante no mesmo período, Moshe ben Nachman (Nachmânides) foi um desses místicos espanhóis, e se refere frequentemente a ensinamentos do mesmo teor em seus comentários. Não foi provavelmente por acaso que esse desenvolvimento aconteceu em paralelo ao do misticismo no cristianismo medieval, que foi desde a devoção mariana, passando por Bernard de Clairvaux, no início do século XII, até o misticismo filosófico do Mestre Eckhart, no final do século XIII.

Alguns séculos mais tarde, após a expulsão dos judeus da Espanha em 1492, o misticismo acompanhou os exilados até a Itália, os Bálcãs e Israel. No meio do século XVI, vários acadêmicos e místicos excepcionais já tinham se estabelecido em Safed (pronunciado *Ts'faht*), uma pequena cidade na Galileia (no norte de Israel). Sua presença atraiu mais pessoas com a mesma inclinação, e logo a cidade se transformou no centro mundial do misticismo judaico. Quando um admirável rabino chamado Isaac Luria chegou ali em 1569, o grupo rapidamente o reconheceu como mestre, e ele passou os três anos seguintes consolidando, explicando e elaborando sua herança mística até a morte. O misticismo luriânico se transformou na base de grande parte do misticismo judaico até hoje.

Transformações políticas e econômicas levaram Safed ao declínio no século seguinte, mas os ensinamentos que surgiram daquele centro continuaram a estimular o interesse dos devotos. O grande avivamento místico seguinte veio na forma de um movimento popular na década de 1660, liderado por Shabbatai Tzvi, um mestre errante cujos discípulos acreditavam que fosse o Messias, mas que se converteu ao Islã para escapar à morte. Depois desse desastre, muitos rabinos desestimularam o ensino do misticismo para o público em geral e adotaram novamente a orientação tradicional de manter a cabala em segredo. Grandes místicos eram observados de perto e às vezes proibidos de publicar seus ensinamentos. Aproximadamente cem anos depois, por exemplo, quando os líderes rabínicos da época descobriram que o rabino Moshe Chaim Luzzato (1707-1746), mestre de um devotado grupo de discípulos na Itália, acreditava que alguns deles seriam reencarnações de grandes líderes do passado, e que um dentre eles seria especialmente um messias em potencial, proibiram-no de exercer sua função, o que fez com que ele se mudasse para Amsterdã, onde foi novamente desestimulado a fazê-lo. Apesar disso, algumas obras de Luzzato foram bem aceitas e são hoje muito respeitadas na história do misticismo.[2]

Muitos místicos permaneceram na clandestinidade. De acordo com uma das tradições, um círculo conhecido como "os ocultos" perpetuou os ensinamentos do rabino Isaac Luria por aproximadamente duzentos anos na Europa Oriental. Em 1740, um membro desse círculo apareceu em público na Ucrânia, afirmando que era o momento de revigorar os conhecimentos místicos no meio do povo em geral. Apesar de se chamar Israel ben Eliezer, ele é conhecido historicamente como o Baal Shem Tov — "O Mestre do Bom Nome". Seus ensinamentos, transmitidos por seus discípulos e pelos deles por sua vez, acenderam as chamas da piedade por toda a Europa Oriental.

Os adeptos desse movimento eram conhecidos como hassidim (ou chassidim), o que significa "os devotos". Eles ensinavam sobre o amor de Deus, a alegria no louvor e a capacidade de cada judeu se conectar ao Criador por meio da oração e do culto, fosse ele ou não um erudito de acordo com os critérios rabínicos. Apesar da oposição também sofrida por esse modo de transmissão de ensinamentos místicos, os hassidim cresceram a ponto de se tornarem uma das principais influências na religiosidade judaica da Europa Oriental. É interessante observar que esse movimento se desenvolveu ao mesmo tempo em que crescia a devoção pietista no cristianismo protestante — o pietismo entre os luteranos germânicos, o metodismo entre os anglicanos na Inglaterra, e o Grande Avivamento nas colônias americanas.

Além disso, muitos dos grandes eruditos não hassídicos continuaram a estudar a cabala. No século XIX, mesmo entre esses grupos, qualquer jovem que se revelasse uma promessa intelectual e mostrasse o desejo de inquirir significados esotéricos poderia receber uma cópia do *Zohar* — um dos textos místicos clássicos — quando ainda adolescente.[3] O misticismo continuou a ser estudado, mesmo quando a Reforma entre os judeus alemães adotou uma posição racionalista, abertamente contrária a ele. Infelizmente, as perseguições e os pogroms na Rússia no final do século XIX dizimaram várias comunidades judaicas tradicionais nas quais os místicos se desenvolviam. Fato mais dramático ainda, 90% dos rabinos da Europa Oriental foram massacrados no holocausto perpetrado pela Alemanha nazista em meados do século XX. Apesar disso, as tradições hassídicas e alguns dos seus mestres sobreviveram e levaram suas mensagens até os Estados Unidos, em ondas migratórias iniciadas no final do século XIX.

Até os anos 50, o acesso à tradição era restrito principalmente aos enclaves ortodoxos nas principais cidades, pois todos os hassidim eram ortodoxos, assim como os judeus sefaraditas, que também mantinham tradições místicas fortes. Seus contos e ditados tradicionais se tornaram amplamente conhecidos ao público erudito por meio da obra de Martin Buber, originalmente de tradição hassídica, apesar de ter mais tarde abandonado as suas observâncias ritualísticas. No início dos anos 70, uma ampla transformação começou quando a seita Lubavitch dos hassidim, conhecida como Chabad (cujas raízes se fixaram na cidade de Lubavitch, na Rússia), começou campanhas para disseminar o conhecimento de práticas judaicas básicas e de ensinamentos hassídicos para judeus americanos assimilados e não ortodoxos. Esses conhecimentos se tornaram muito mais acessíveis, mesmo para aqueles que não tinham sido educados na tradição, e eram transmitidos tanto por meio de representantes rabínicos oficiais quanto por mestres treinados no Chabad, que depois deixaram os limites do grupo. O Jewish Renewal Movement (Movimento Reformista Judaico), que atraiu nos anos 70 jovens judeus nas principais cidades, estimulou o estudo do misticismo com seriedade, bem como de outros aspectos da tradição judaica. No final do século XX, uma ampla variedade de grupos incluía o misticismo, pelo menos ocasionalmente, como parte dos seus ensinamentos.

Enquanto isso, desde os anos 1960, o público americano tem demonstrado um interesse cada vez maior pela espiritualidade, interesse esse que cresceu dramaticamente nos anos 1990 e cuja maior parte se direcionou primeiramente às filosofias orientais, especialmente ao hinduísmo e ao budismo, ou a tradições teosóficas ocultas que antes atraíam apenas uma elite minoritária. Os não judeus, no entanto, também se interessaram pela cabala, o que não foi exatamente algo novo na história. Como veremos no Capítulo 1, eles já tinham buscado revelações espirituais nas tradições cabalísticas antes. À medida que a cabala se disseminava através dos meios de comunicação, porém, o interesse popular pelo assunto crescia mais do que nunca.

Hoje, a cabala apresenta abordagens diferentes. No hassidismo ortodoxo, bem como nos grupos neo-hassídicos que não enfatizam a observância das leis judaicas, as interpretações místicas são incorporadas como parte do ensino judaico geral. A abordagem mais integrada é o estudo de ensinamentos místicos juntamente com as escrituras, a oração e a lei judaica. Esse caminho, no entanto, é muito difícil para o iniciante não judeu profundamente interessado no misticismo, porque requer familiaridade com muitos textos e conceitos judaicos básicos e frequentemente com palavras e letras hebraicas. Outra alternativa, surgida recentemente, é a de grupos especializados em cabala para o público em geral. Deve-se, porém, ser prudente quanto a eles, porque a autenticidade de alguns é duvidosa, e/ou eles usam métodos questionáveis para conquistar adeptos. Ainda outra maneira é a leitura de livros escritos por cabalistas não judaicos. A maioria deles, no entanto, se mistura com interpretações esotéricas complicadas advindas de outras tradições teosóficas e não apresenta a cabala judaica de modo direto e claro. Finalmente, nos últimos tempos, alguns escritores, incluindo a mim mesma, têm se esforçado por disponibilizar os conceitos do judaísmo místico ao leitor em geral. Esse livro, especificamente, tem o objetivo de tornar parte desses conhecimentos mais acessível a leitores cristãos, na esperança de estimular o diálogo entre os praticantes das duas religiões.

PARTE I

BUSCANDO UMA NOVA VISÃO

1

Desvendando o mundo da cabala

> E me farão um santuário,
> e morarei entre eles.
>
> — *Êxodo 25:8*

Do oculto à revelação

Uma tradição oculta. Esotérica, complicada, perigosa. Apenas alguns poderiam estudá-la, e por isso ela foi cuidadosamente protegida dos ignorantes e dos excluídos.

Essa é a reputação da cabala, como é conhecida a antiga tradição do misticismo judaico. Hoje em dia, porém, seus ensinamentos básicos estão disponíveis ao público erudito em geral. Astros de cinema estudam cabala. Você pode encontrar na livraria do seu bairro inúmeras introduções a seu vocabulário básico e estrutura conceitual. Outros livros também oferecem noções sobre meditação judaica. Obras acadêmicas visam revelar a psicologia ou a história sociológica do misticismo.

Ainda assim, se você pensar bem, essa súbita disponibilidade é um pouco suspeita. Se a cabala foi algo tão oculto por tanto tempo, porque o acesso a ela é tão fácil agora? Se é tão difícil, como pode ser simples o suficiente para ser compreendida por um público popular? E, se existe há milênios, por que está vindo à luz apenas neste momento? Há algo especial em relação ao ressurgimento da tradição mística judaica entre as muitas teorias religiosas e tipos de meditação e autoajuda disponíveis na atualidade?

A cabala sempre foi oculta até certo grau, e não é por acaso que está sendo divulgada agora. Os místicos judeus têm ensinado que, apesar de todo conhecimento espiritual ter vindo da revelação divina original transmitida no Monte Sinai (Êxodo 20), a maneira específica na qual um ensinamento surge é adequada à sua época e público. Como os rabinos antigos ensinavam por meio de um *midrash* (uma história passada de geração em geração para explicar um texto das escrituras), Deus provê o remédio antes da doença. A divulgação da cabala significa que o misticismo judaico tem algo único a oferecer: o poder de curar o espírito à medida que penetramos num futuro radicalmente novo.

Muitos pensadores agora reconhecem que os sistemas de pensamento dominantes no Ocidente moderno — especialmente o racionalismo extremo e a fé exagerada na ciência — não são mais suficientes para nutrir a vida humana nesse planeta. Em consequência, várias formas de espiritualidade antiga, antes esotéricas e inacessíveis, estão agora sendo traduzidas em termos compreensíveis para um público popular. Não sabemos ainda exatamente como fazer essa transição. Um pouco da riqueza de tradições complexas como a cabala sem dúvida se perde no processo de popularização, mas, se a sabedoria dos ensinamentos essenciais puder ser preservada e transmitida, esse processo ainda assim será válido. Esse conhecimento pode ser especialmente valioso se puder ser compartilhado, atravessando as fronteiras que tradicionalmente têm marcado nossas diferentes tradições, nesse caso, o judaísmo e o cristianismo. Como parte do todo que nós somos, o enriquecimento recebido dos outros nos ajudará a repensar e a recriar nosso mundo e nossa vida pessoal de acordo com orientações espirituais.

A cabala nos oferece vislumbres verdadeiramente únicos, que nos capacitam a sondar a realidade do universo. Além disso, ela apresenta suas verdades estruturadas de modo expansivo e extraordinariamente abrangente. Muitos livros falam de perspectivas holísticas, mas a cabala deixa bem claro que o holismo deve ser integrado à apreciação da pluralidade e da diversidade. Também insiste em que vejamos nossa jornada pessoal no contexto maior do que está acontecendo no universo divino, pois essa é a única maneira de evitarmos criar ainda mais outro tipo de narcisismo místico.

Este livro dará a você orientações que o ajudarão a entender a cabala. Ao absorver as lições do misticismo judaico, você se tornará capaz de pensar de modo novo, tanto como um cidadão do universo, quanto como um adepto de sua própria fé, e de alinhar sua vida de modo mais intenso com as maiores aspirações espirituais da humanidade.

Lembrando-nos de quem somos

Vamos começar com uma pergunta básica: Por que os seres humanos passam por tantos problemas na vida? Por que somos atacados por todos os lados com guerras, racismo, conflitos políticos e étnicos, desarmonia com o meio ambiente e acontecimentos que nos abalam em nível pessoal? A cabala afirma que a causa primordial dos nossos problemas, que se relacionam desde nossa vida íntima ao conjunto mais amplo de toda a humanidade, é nos esquecermos de quem somos. Nós nos esquecemos do nosso eu verdadeiro e do nosso verdadeiro propósito.[1]

Esse ensinamento nos traz boas notícias: lá no fundo de nós mesmos, sabemos quem somos. Quando redescobrirmos essa verdade, nós a reconheceremos, porque ela não nos é estranha. Esse ensinamento nos vem basicamente da Bíblia, que afirma claramente que o homem foi feito à imagem e semelhança de Deus — e é isso que somos realmente. Nosso propósito é nos tornarmos espelhos claros da divindade. Às vezes, temos vislumbres do nosso eu espiritual verdadeiro, do nosso eu divino, mas frequentemente, na pressa que nos faz nos conhecermos superficialmente, criamos camadas sucessivas de desilusão em relação à nossa própria vida.

Os ensinamentos judaicos são um pouco diferentes dos cristãos nesse ponto. A maioria das tradições cristãs enfatiza a natureza pecaminosa do ser humano, na qual o pecado é compreendido como rebelião, orgulho ou corrupção. O judaísmo reconhece esses traços na natureza humana, mas tende a se concentrar em outros aspectos, como a compreensão errada, a percepção equivocada e a ignorância. Um famoso ditado da tradição rabínica diz que a pessoa peca por tolice: se apenas reconhecêssemos as consequências dos nossos atos e pensamentos, não pecaríamos! O ponto de vista, nesse caso (e não necessariamente universal, já que o judaísmo não é monolítico), é que os traços pecaminosos não se encontram tão incrustados em nossa natureza que não possamos superá-los. Obviamente, compreender e escolher corretamente não é algo fácil, porque há inúmeras dimensões de engano, erro e teimosia.

Os místicos judeus acrescentam outro ângulo a essa perspectiva, afirmando que nossa incompreensão, baseada no "esquecimento", de nossa origem divina, é na realidade necessária para que o propósito de Deus ao criar a Terra seja cumprido. Se verdadeiramente nos lembrássemos com clareza e detalhes por que estamos aqui, não teríamos livre-arbítrio, mas seríamos como os anjos, que simplesmente cumprem as tarefas atribuídas a eles sem dúvidas ou ambivalência. Se quisermos, porém, manifestar a divindade de modo verdadeiro, não poderemos ser seres programados para cumprir o dever, porque uma das características de termos sido feitos à imagem e semelhança divina é a nossa capacidade de criarmos livremente. Por isso, embora pareça um paradoxo, ao nos esconder nossas origens, Deus pôde nos dar o livre-arbítrio de escolher nos manifestarmos ou não como imagens criativas e amorosas do Divino. De acordo com a cabala, essa é simplesmente a natureza da existência terrena, no que muitas outras formas de misticismo concordam. Nós nos apresentamos como voluntários para o serviço terreno, mas parte do pacote consiste do fato de não podermos nos lembrar de termos feito isso. E é exatamente isso que transforma a vida no desafio que é.

Quando nos esquecemos de quem somos, surgem outros problemas: a falta de autoconfiança e a insegurança. Nossa incerteza quanto ao que estamos fazendo aqui distorce tudo em nossa sociedade. Vivemos numa época em que nós, humanos, conquistamos mais do que as pessoas dos séculos passados jamais sonhariam. Superficialmente, parecemos criaturas autoconfiantes e seguras, mas nossa cultura nos revela o contrário: livros, artigos de jornal, programas de entrevistas e grupos de autoajuda constantemente abordam a questão da autoestima. A rivalidade entre os grupos e os conflitos étnicos crescem vertiginosamente, buscando afirmação para nossa fraca identidade social. Por que somos tão inseguros? Usando uma imagem das escrituras cristãs, construímos nossas casas na areia e não na rocha. A areia representa a ideia de que somos indivíduos separados e independentes, competindo desesperadamente num mundo estranho. A rocha é nossa conexão com Deus. Quando não estamos em contato com a fonte que melhor pode nos dar uma imagem do nosso verdadeiro valor, tropeçamos e escorregamos para o mar de falsos conhecimentos que inunda essa idade da informação a que pertencemos. Precisamos não apenas conhecer profundamente a nós mesmos como seres verdadeiramente criados à imagem de Deus, mas também vivenciar nosso vínculo profundo com o outro e com o resto da criação.

Essa ideia de que somos feitos à imagem e semelhança de Deus é tão admirável que a escondemos de nós mesmos. O grande filósofo judeu Abraham Joshua Heschel escreveu com tristeza: "O homem de hoje se afasta da luz".[2] Podemos querer acreditar que somos feitos à imagem divina, mas então nos minamos a nós mesmos, dizendo que, já que não podemos realmente conhecer a Deus, nada vale a pena. O judaísmo afirma claramente que cada um de nós precisa assumir a responsabilidade de se ligar a Deus e ao mundo do modo revelado por Ele. Além disso, por meio da prática espiritual guiada pela sabedoria da Torá, que consiste em mais de três mil anos de tradições orais e escritas sobre a revelação de Deus, podemos desenvolver a capacidade de compreender os ensinamentos mais elevados do misticismo e de finalmente manifestar a divindade.

A cabala é a ciência que nos ensina diretamente sobre a religiosidade, sobre a divindade e sobre como podemos nos relacionar com ela em nossa vida. Os eruditos têm chamado isso de "teosofia", que significa "conhecimento sobre o Divino". Apenas quando tivermos ideia do significado da divindade e do propósito divino será possível compreendermos o que viemos fazer aqui. O trabalho intelectual, por isso, é uma parte importante da cabala. Não basta fazermos perguntas e ouvirmos que "você deve simplesmente aceitar esse fato". Não podemos apenas recitar palavras e frases sem significado para nós. As virtudes religiosas tradicionais, como a fé e a confiança, são categorias importantes no judaísmo em geral e na cabala em especial, mas precisamos também estar dispostos a embarcar numa jornada que exigirá muito de nossa mente.

Há alguma razão para se evitar o estudo de tradições místicas como a cabala? As autoridades religiosas às vezes acreditaram que conhecimentos esotéricos são perigosos para a ordem social, porque o entusiasmo religioso poderia ser frequentemente manipulado por pessoas inescrupulosas (como realmente já aconteceu). Historicamente, o misticismo tem sido visto como perigoso pelos que estão no poder, já que os místicos que acreditavam na existência da imagem divina no interior de cada um têm se lançado na busca de igualdade e de justiça. Essas são, porém, reflexões geradas pela tendência das instituições à autodefesa. O misticismo é de fato uma força criativa que ajuda a transformar instituições em caminhos espirituais e éticos.

De acordo com o misticismo judaico, todos nós temos os dons de que precisamos para refletirmos a imagem de Deus, cada um do nosso modo próprio e incomparável. O próprio fato de termos chegado aqui, na encarnação humana, nos revela que temos a coragem de assumir a missão. Hoje, apesar de estarmos ocupados e frequentemente preocupados com assuntos do dia a dia, vários de nós desejam muito ter sua própria vida totalmente permeada com a espiritualidade. Queremos trabalhar na criação de nossa vida em torno de um ideal mais elevado. Os ensinamentos da cabala são adequados, porque ela não foi cultivada numa atmosfera "santa" e completamente separada do cotidiano. A maioria dos rabinos, incluindo muitos cabalistas, trabalhava para ganhar a vida em algum comércio ou negócio. Quando queriam se aproximar de Deus, precisavam investir tempo e energia, mas tinham que fazer isso enquanto viviam uma vida normal. Os ensinamentos hassídicos e o judaísmo tradicional insistem especialmente em que nosso "templo" é tanto nossa casa quanto a sinagoga ou instituição religiosa, que se casar e criar filhos é exatamente tão santo quanto se ter uma vida espiritual de clausura, e que o cuidado com o nosso corpo e mente é tão importante quanto a experiência espiritual.

Momentos e atividades especiais, como, por exemplo, retiros e práticas de purificação podem obviamente ser úteis como parte de uma prática espiritual. Os místicos, no judaísmo e em outras tradições, eram conhecidos por se afastarem da rotina de uma pessoa normal, por exemplo, dormindo menos ou jejuando mais. O judaísmo, porém, sustenta que para a maioria das pessoas esses momentos de separação do mundo devem ser temporários e limitados, permitindo que reavivemos nossa conexão com o espírito e então voltemos ao mundo e integremos a ele o que tivermos recebido. Esse é o sentido do nosso esforço, pois a meta suprema é que *o mundo inteiro se transforme num recipiente para a divindade.* Quando os seres humanos chegarem ao ponto de poderem dizer: "Em minha carne eu verei a Deus!" como está escrito em Jó (19:26), o propósito da criação terá sido atingido. Teremos nos lembrado e nos conscientizado plenamente de nossa imagem divina.

A cabala oferece um sistema incomparável para nos capacitar nesse sentido. Ela tenta continuamente nos mostrar os níveis mais profundos de tudo que fazemos. Nada no mundo ultrapassa os limites de sua abrangência. A cabala ensina, por exemplo, que nosso verdadeiro propósito divino nunca poderá ser completamente esquecido. Se olharmos com o olhar compassivo para nossa vida e para a sociedade em que vivemos, conseguiremos perceber que a maioria das pessoas está realmente desejando o crescimento espiritual, mas só expressa esse desejo de modo parcial e truncado.

A busca científica pelo poder sobre a natureza, a aspiração por riqueza e honra e nossa busca desesperada por amor e prazer são parte do mesmo esforço. Todos fazem parte da divindade: amor, poder, honra e prazer são todos atributos de Deus. Em nossa sociedade, no entanto, ela está normalmente isolada de sua fonte suprema, de modo que não nos traz satisfação total.

Para a cabala, tudo é uma metáfora que nos leva a ter acesso à realidade suprema. Os problemas que surgem num nível podem ser resolvidos em outro. E, a cada ponto, somos levados de volta à pergunta: "Como podemos manifestar a divindade? Como podemos ser divinos?"

A cabala é somente para judeus?

Deus não existe somente para os judeus, e a cabala também não. Apesar de ser quase impossível entender alguns aspectos cabalísticos sem que se absorva uma grande quantidade de tradição judaica, a cabala, como teosofia, diz respeito antes de tudo à compreensão de *quem* e de *como* é Deus (na medida da compreensão possível ao ser humano) e de quem somos nós, como reflexos da imagem divina. Por isso, ela é importante para todos os povos.

No entanto, de acordo com a concepção popular entre os judeus, você só poderia estudar cabala se tivesse 40 anos de idade, fosse casado e do sexo masculino — e, tradicionalmente, judeu. O que esses critérios queriam realmente dizer é que o estudante precisava ser maduro, ter uma base sólida de conhecimentos judaicos (incluindo a rica tradição oral do comentário à Torá conhecido como Talmude), e ter uma vida pessoal estável. E as mulheres não eram incluídas porque se esperava que o aluno tivesse uma base sólida de conhecimentos dos textos bíblicos e do Talmude. Ensinava-se a elas apenas as partes necessárias da Torá para que fossem capazes de viver uma vida tipicamente judaica, o que já significava uma quantidade considerável de estudo, mas elas geralmente não tinham acesso ao ensino do Talmude ou a comentários bíblicos extensos. As regras também restringiam certos tipos de interpretação cabalística e o uso dos nomes divinos. Todas essas restrições se aplicavam ainda mais aos não judeus.

Havia boas razões para esse fato. Se alguém estudasse os textos cabalísticos sem a base adequada, poderia facilmente interpretá-los erroneamente. Um intérprete ignorante seria como alguém tentando aviar uma receita médica sem ter nenhum conhecimento farmacêutico. Mesmo que pudesse ler a letra, não compreenderia os códigos. No entanto, aproximadamente a partir do século XII, as restrições a alguns ensinamentos foram sendo gradativamente retiradas e os escritos dos mestres cabalísticos pouco a pouco se tornaram acessíveis à população judaica letrada. Em alguns períodos da Idade Média, esses ensinamentos místicos começaram a se espalhar mais amplamente. O que aconteceu, porém, na Idade Média e no início dos tempos modernos não se compara em nada ao que está acontecendo hoje. Quando os livros precisavam ser laboriosamente copiados à mão, eram caros e raros. Os escritos dos mestres místicos eram mais difíceis do que o hebraico bíblico, e alguns tinham sido escritos em aramaico. Mesmo depois da revolução da imprensa ocorrida no século XVI, a população judaica letrada capaz de ler esses idiomas era na sua maior parte composta de homens. O assunto dos escritos místicos era altamente esotérico, incluindo muitas interpretações complicadas das letras hebraicas e de palavras com seus valores numéricos. No entanto, ao longo dos séculos e especialmente por meio das tradições orais, os conceitos gerais do misticismo judaico se tornaram aos poucos disponíveis àqueles que os buscavam. Os ensinamentos da cabala medieval eram familiares a alguns eruditos e místicos cristãos, pois eram vistos como parte da herança geral do misticismo ocidental na época da Renascença. A cabala também exerceu influência nos movimentos teosóficos que surgiram no século XIX na Europa e na América do Norte, que por sua vez até hoje influenciam a espiritualidade contemporânea.

Em resumo, a cabala em geral nem sempre foi limitada aos judeus, e, como veremos neste livro, alguns dos seus conceitos básicos podem ser compreendidos sem a necessidade de uma instrução judaica profunda. Os ensinamentos mais complexos são difíceis para os não praticantes do judaísmo, e seria provavelmente sensato suspeitar de qualquer pessoa que não tenha essa experiência e que afirme estar ensinando mistérios cabalísticos profundos a outros. No entanto, estudar as revelações dos antigos místicos pode ser um passo importante. Ao aprender algo sobre a cabala, você poderá aprofundar sua visão sobre os ensinamentos mais elevados da sua própria tradição.

Como a cabala pode ajudar você

A cabala é interessante porque é multidimensional. Desde que comecei meus estudos com rabinos de tradições hassídicas formadas pela cabala, fiquei fascinada com sua estrutura conceitual. Logo aprendi que os adeptos dessas tradições praticavam vários tipos de meditação, o que antes pensava ser apenas para hinduístas e budistas. Ao mesmo tempo, descobri uma devoção intensa ao que sempre amei no judaísmo, ou seja, a insistência em aplicar a espiritualidade em ações práticas no mundo. À medida que continuei meus próprios estudos, descobri ensinamentos sobre saúde física, desenvolvimento emocional, educação infantil e relacionamento. Descobri que, quando meus mestres explicavam cada um desses temas em profundidade, estavam me levando de volta a um único foco: trazer Deus para o mundo. Você e eu, cada um de nós pessoalmente, tem a missão de transformar o mundo num lugar que possa ser habitado por Deus. Essa tarefa continua dia e noite, a cada semana, a cada ano. Todos nós, coletivamente, estamos criando o corpo de Deus.[3] A tarefa é incrível e desafiadora, e ao mesmo tempo deliciosa e extremamente significativa.

Essa tarefa é exatamente o que quero apresentar para você nos próximos capítulos. A cabala é uma teologia que dá origem a uma cosmologia e a uma antropologia. Como teologia, ela apresenta Deus como um ser ativo, em interação dinâmica com o mundo criado. Como antropologia, é um mapa da humanidade em seu esforço de se aproximar do Divino e de trazer a divindade para seu canto do cosmos — criando uma "habitação" para Deus, como nos ordenaram no livro de Êxodo. No Capítulo 2, eu mostrarei uma perspectiva geral dessa cosmologia e antropologia e apresentarei o vocabulário básico que usaremos. Ele pode não ser familiar no começo, mas se tornará quase que uma segunda natureza quando você chegar ao final do livro. Várias traduções alternativas da terminologia hebraica são comuns; eu as adaptei para comunicar da melhor maneira possível os vários níveis de manifestação divina que a cabala está tentando expressar.

Então, na Parte II, examinaremos com mais detalhes o mapa cabalístico da divindade, o modo como Deus a expressa para o mundo. Eu chamo isso de "O Desdobramento da Criação". Os três capítulos dessa seção examinam a Árvore da Vida cabalística em sentido descendente. Um aspecto fascinante dessa parte do nosso estudo é a descoberta de que os ensinamentos cabalísticos parecem existir paralelamente a algumas das cosmologias avançadas atuais, e eu mencionarei alguns desses paralelos.

A cabala consiste não somente do estudo e da contemplação do Divino, mas também da autorreflexão e à oração para incorporar esse conhecimento a nossa própria vida. Para fazer isso, devemos rever nossa história pessoal e coletiva à luz da antropologia da cabala. Eu chamo esse processo de "Caminho da Lembrança" e o descrevo na Parte III. Nesses três capítulos, examinaremos os mapas cabalísticos, com seus segmentos em ordem inversa ao do estudo da criação, o que fará com que você possa observar sua vida pessoal, do nascimento até o presente, para ver como ela pode ser compreendida com base num caminho espiritual em desenvolvimento.

Apesar de nos concentrarmos na compreensão, é importante nos lembrarmos de que a cabala é implicitamente um caminho de ação, que nos capacita a transformar o mundo. A prescrição tradicional dos mandamentos divinos, tanto para judeus como para não judeus, tem sido compreendida na cabala como expressão de uma incorporação divina no mundo.[4] A palavra hebraica para mandamento, *mitsvah*, se relaciona a uma raiz antiga que significa "conexão". Nós nos conectamos a nossa fonte divina quando praticamos certos atos e nos abstemos de outros. Não se trata de uma força externa exigindo obediência de nossa parte; em vez disso, sabemos, em nosso interior mais profundo, que algo nos chama a uma vida mais elevada. E a Torá diz: "pois a coisa está muito perto de ti, na tua boca e no teu coração, para que a observes" (Deuteronômio 30:14). Apesar de não abordarmos neste livro o estudo dos mandamentos, devemos nos lembrar de que expressamos a vontade divina, que quer constantemente agir por nosso intermédio por meio de certos tipos de ação e de não ação, e que com isso somos capacitados a nos unirmos no prazer divino que vem de fundirmos ação e intenção, consciência espiritual e realidade física.

O caminho da cabala é uma jornada maravilhosa. Eu o estou percorrendo há quase trinta anos, e ainda fico fascinada com cada faceta que se ilumina quando integro esse método de estudo e prática à minha vida. Espero que essa introdução à cabala possa influenciar sua experiência de vida, para que se torne mais fácil para você olhar para além das aparências e ir além da superfície das coisas. Finalmente, espero que você veja claramente que somos veículos para a imagem divina, mas também potencialmente cocriadores com Deus.

2

A cabala e a imagem de Deus

Uma procissão de anjos passa diante de cada pessoa, e os arautos vão adiante deles, dizendo: "Abram caminho para a imagem do Santo, Bendito seja Ele!"

— *Deuteronômio Rabba 4:4*

Onde está o mundo real?

Um grande rabino das escolas europeias disse que os maiores segredos da cabala só são secretos até serem conhecidos. Quando são compreendidos, tornam-se tão simples e revelados como a palma da mão.

Isso é verdade em relação ao primeiro princípio básico da cabala: *O mundo que vemos não é real.* Mais precisamente, o mundo não é real da forma como é visto por nós. A cabala não afirma, como alguns sistemas religiosos orientais, que o mundo é uma ilusão, mas que nossa visão dele, no entanto, é limitada. Esse não é um segredo, mas uma verdade óbvia. A astronomia e a microbiologia nos ensinam que o mundo é muito maior e mais complexo do que parece à primeira vista. Além disso, todas as invenções que criamos para ampliar o alcance dos nossos sentidos, desde microscópios até telescópios e radares, também são limitados. O mundo que podemos perceber é uma mera fatia de um universo multidimensional que vai além dos nossos sentidos e até mesmo da nossa matemática.

Na cabala, aprendemos que o universo é uma manifestação parcial de uma realidade suprema muito maior que chamamos de Deus. Os cabalistas denominavam essa realidade de *Ein Sof*, "Sem fim", ou, mais simplesmente, o Infinito. O aspecto de Deus refletido em nosso cosmos é a Luz do Infinito.

Talvez a ideia de que Deus é infinito pareça também uma verdade óbvia. No mundo ocidental, é normal se referir a Ele como o Criador, e multidões acreditam que uma entidade onipotente que chamamos de Deus de alguma maneira criou o mundo. Mas aqui estamos dizendo algo um pouco diferente. O *Tanya*, um livro clássico do misticismo moderno, expressa isso da seguinte maneira: o Bendito e Santo não se separa da criação nem por um momento. A luz de Deus, que é "parte" do Deus infinito, está de modo inseparável contida em tudo, em todo lugar e em todo tempo.

Alguns pensadores contemporâneos explicam esse fato usando a metáfora de um holograma para descrever a relação do universo criado com sua fonte no Divino. Um holograma é uma fotografia tirada com luz a *laser* que tem algumas propriedades específicas. Quando exposto ao tipo apropriado de filme fotográfico, ele mostra a imagem completa do objeto em três dimensões. Se você cortar o filme pelo meio, cada uma das metades mostrará a mesma imagem completa do objeto em três dimensões, diferentemente de uma foto normal que, se cortada em dois, mostra apenas a parte de cima num pedaço e a de baixo em outro. Numa imagem holográfica, a única diferença do original será o fato de sua metade estar um pouco menos em foco do que a inteira. Se você continuar cortando o filme em pedaços cada vez menores, cada uma delas ainda conterá a imagem do objeto original inteiro. Quanto menores os pedaços, porém, mais fora de foco ficarão.

Nessa metáfora, o *laser* é a luz de Deus projetando sua imagem, e o universo criado é a imagem ou holograma que O representa. Cada entidade no universo é um dos pedacinhos do filme. Cada um deles contém *todos* os elementos da manifestação divina (para a qual aprenderemos os termos mais tarde). A totalidade de Deus está dentro de cada parte da criação. Assim, a imagem holográfica, apesar de separada do original, contém todas as informações contidas pelo original.

A falta de foco, no entanto, significa que nem sempre é igualmente fácil ver Deus. Sua assinatura pode não ser muito clara numa pedra britada da rua, por exemplo. Podemos reconhecê-la num arco-íris ou num pôr do sol sobre o oceano, e ela pode irradiar para nós com mais intensidade através de um bebê recém-nascido do que do nosso vizinho do lado. No entanto, cada um é sua própria refração da divindade.

O fato de a realidade ser a refração da luz de Deus nos fornece nossas próprias metáforas religiosas. Um pedaço de pedra pode representar uma metáfora de Deus e, na verdade, textos religiosos como os Salmos ou os Profetas às vezes O descrevem como uma rocha, convidando-nos a imaginar sua solidez, força e imutabilidade. Quando falamos da pureza de Deus, no entanto, podemos usar a imagem de inocência pura de um bebê recém-nascido. Deus nos oferece metáforas para a divindade em cada aspecto da nossa vida. E nós podemos vê-las, se as buscarmos.

Enquanto isso, nós devemos reconhecer que nossa mente finita não consegue compreender precisamente qual é a relação entre Deus e a criação. Talvez o melhor modo seja dizermos que o universo é o desdobramento de Deus. Todas as informações que temos sobre ele, como a imagem de nós mesmos refletida no espelho, os sentimentos que experimentamos quando saudamos o sol da manhã, a última teoria científica que lemos no jornal, são sombras, imagens holográficas ou metáforas de Deus. Elas formam nosso universo, que se expande constantemente à medida que se revelam mais a nós.

Um dos nomes de Deus na Bíblia é "Serei o que Serei". Isso indica que Deus está em meio ao processo de se manifestar no mundo. Ainda assim, muito sobre ele continua oculto, e, de acordo com a cabala, há diferentes níveis de manifestação e de segredo. Apesar de todos os seres no universo serem construídos a partir de elementos divinos, nem todos esses elementos são manifestos em todos eles. As pedras não revelam força vital, por exemplo, e as plantas não demonstram mobilidade. O ser humano é denominado na Bíblia "imagem divina", porque Adão, o primeiro ser humano (masculino/feminino) e todos os seus descendentes revelaram a maior amplitude possível de atributos divinos na Terra.

Por isso, cada ser humano, sem exceção, carrega o selo da divindade. Com todas as nossas diferenças, mesmo divididos nos seis bilhões de pessoas que vivem nesse planeta, cada um de nós ainda assim é um holograma completo de Deus.

O único problema é que, como na minúscula foto holográfica, estamos de certo modo fora de foco. É difícil ver a imagem de Deus claramente em nós, e, porque ela está borrada, uma parte de nossa natureza divina, como a cabala a denomina, está oculta. Esse segredo nos chama a uma tarefa diferente: tornarmo-nos "revelados", para sermos imagens claras e radiantes do Divino.

O príncipe peru

Infelizmente, o mundo, em seu estado atual, não nos conta que somos divinos ou que a missão de nossa vida é irradiar a divindade. Em vez disso, sua mensagem constante e repetida é que somos criaturas pobres e cheias de problemas, que devem competir para sobreviver e para adquirir o máximo que puderem. Uma famosa história de um mestre hassídico, rabino Nachman de Breslov, ilustra esse ponto:

> Um príncipe real enlouqueceu e pensava ser um peru. Sentia-se compelido a se sentar nu embaixo da mesa, bicando ossos e pedaços de pão, como uma ave. Os médicos reais desistiram da esperança de algum dia curá-lo de sua loucura, e seu pai, o rei, sofria muito com isso.
>
> Um sábio então apareceu e disse:

— Eu vou curá-lo.

O sábio se despiu e se sentou nu sob a mesa ao lado do príncipe, pegando com a boca migalhas e ossos.

— Quem é você? — perguntou o príncipe. — O que você está fazendo aqui?

— E você? — retrucou o sábio. — O que está fazendo aqui?"

— Sou um peru — disse o príncipe.

— Eu também sou um peru — respondeu o sábio.

Eles se sentaram juntos assim por algum tempo, até se tornarem bons amigos. Um dia, o sábio fez um sinal para que os servos do rei lhe jogassem duas camisas. Ele disse ao príncipe:

— O que faz você pensar que um peru não pode vestir uma camisa? Você pode vesti-la e ainda assim continuar sendo um peru. — Com isso, os dois vestiram as camisas.

Depois de algum tempo, o sábio fez outro sinal para os servos, e eles jogaram para ele duas calças. Do mesmo modo que antes, ele disse:

— O que faz você pensar que não pode ser um peru se usar calças?

O sábio continuou dessa maneira até os dois estarem completamente vestidos. Ele então fez outro sinal, e serviram-lhes a comida que se comia em cima da mesa. Novamente, o sábio disse:

— O que faz você pensar que deixará de ser um peru se comer boa comida? Você pode comer o que quiser, e ainda assim ser um peru!

E ambos comeram.

Finalmente ele disse:

— O que faz você pensar que um peru precisa se sentar debaixo da mesa? Até mesmo um peru pode se sentar à mesa.

O sábio continuou assim até o príncipe ficar completamente curado.[1]

O príncipe peru é uma metáfora para a vida de cada um de nós. Provavelmente você se lembra das muitas vezes em que se conscientizou de que estava tão concentrado em obter o que queria, que se esqueceu de ver algo de belo ou de apreciar alguém em sua vida. Essa estreiteza de mente faz parte da condição humana. Nós passamos a maior parte do nosso tempo correndo atrás de coisas que pensamos que nos satisfarão, mas nem mesmo notamos o maravilhoso palácio que é nosso lindo planeta, ou a mesa de banquete cheia de presentes colocados diante de nós. Não sabemos que fazemos realmente parte da realeza feita à imagem divina. Somos governados por nossos apetites inferiores — o que os místicos denominam nossa alma animal — e não podemos ver além de nossas necessidades e prazeres imediatos.

Coletivamente, estamos completamente imersos numa versão estreita da realidade. Mesmo se fôssemos capazes de espiar por cima da toalha de mesa, provavelmente veríamos apenas a linda prata e o cristal sobre ela. Poucos de nós poderiam estar tão conectados a ponto de poder ouvir as conversas dos nobres. Um grupo muito pequeno poderia ser capaz de olhar em volta e de ver os desenhos complexos das tapeçarias, ou de vislumbrar a arquitetura do lugar mais além, mas quase todos nós perderíamos a mais bela visão de todas — o brilho irradiante do rosto amoroso do rei, o dono do palácio, da corte e do banquete. Essa, no entanto, é a meta. Um teólogo cristão da antiguidade escreveu o seguinte sobre Deus: "Ele começa a ser revelado claramente, a ser conhecido com grande familiaridade e a ser visto mais claramente ainda; o invisível, a invisibilidade fala e ouve, como um amigo com outro, face a face".[2]

O desejo de estar perto de Deus — o que os mestres hassídicos chamam de *devekut* ou proximidade, apego ("Dele te aproximarás", Deuteronômio 10:20) — é expresso num lindo hino cantado por judeus tradicionais perto do início e do fim do santo sabá, o sétimo dia da semana (do pôr do sol da sexta-feira até o pôr do sol do sábado), que celebra o fato de Deus ter criado e abençoado o mundo.

> Querido de alma, Pai de Piedade, atrai Teu servo para o que Te agrada, correrá Teu servo como o corço e prostrar-se-á frente à tua majestade, pois lhe agradará Tua amizade, mais do que o mel puro e todo bom gosto.
>
> Ó Majestoso, esplendor do mundo, a minha alma sofre pelo Teu amor; rogo-Te, ó Deus, cura-a, mostrando-lhe a beleza do Teu esplendor. Então ela se fortalecerá e se restabelecerá, e ser-te-á uma serva eterna.
>
> Ó Forte! Enterneçam-se as Tuas piedades para conosco e tem compaixão pelo Teu filho amado, pois há tanto que este deseja ver a Glória da Tua força. Rogo-Te, Ó Deus, querido do meu coração, apressa-Te e não Te afastes!
>
> Aparece, rogo-Te, e estende, ó Amado, sobre mim, a tenda da Tua paz; ilumina a terra com tua glória, e alegrar-nos-emos por Tua causa; depressa, Amado, pois chegou a hora de conceder-nos a Tua graça, como nos tempos antigos.

No sabá, o povo judeu penetra na realidade do palácio e da mesa do Rei. Durante o resto da semana, nós nos persuadimos a integrar essa perspectiva maior apenas um pouco de cada vez, assim como o príncipe veste as roupagens reais uma após a outra. A cabala também nos pede que avancemos passo a passo, experimentando cada vestimenta e nos acostumando com ela. O sábio não balançou a varinha mágica, nem ensinou o príncipe a cantar palavras místicas para ser liberto de sua aflição. Ele o ajudou pacientemente a abrir seu caminho nessa direção, até ser curado de suas estreitas ilusões.

Além disso, o príncipe não precisou desistir do que queria ser. Ele ainda poderia ser um peru enquanto quisesse. Cada um de nós tem sua própria natureza, que não será dominada, mas transformada. A partir de uma versão infantil de quem queremos ser — um astronauta, um policial, um médico ou um peru —, nós construímos nossos ideais. A partir da aparente casualidade do nosso nascimento, da nossa família, dos nossos traumas e sucessos, nossa forma única emerge, desejando ser preenchida por um propósito mais elevado. As excentricidades que marcam nossa individualidade, mesmo os aspectos mais misteriosos de nós mesmos, todos serão fruídos de maneira inimaginável em nossa realidade espiritual suprema.

Revelando a luz divina

O príncipe (ou princesa) é a imagem divina no interior de cada um de nós. O Rei, obviamente, é Deus. O esforço de se erguer de debaixo da mesa é nosso esforço em direção à devoção essencial, à individualidade de nossa alma dada por Deus, que cada um de nós deseja profundamente manifestar, de modo a estar próximo a Ele. As escrituras dizem: "Sereis santos, porque Eu sou santo" (Levítico 11:44). Essa mensagem é semelhante à de muitas tradições, e afirma que a meta do ser humano é ser como Deus ou imitar alguém que tenha alcançado alturas quase divinas.

O relato bíblico da criação nos conta que no início éramos como Deus; os seres humanos foram feitos "à imagem e semelhança de Deus". Adão e Eva, porém, também eram vulneráveis às palavras astutas da estranha serpente do jardim. Mesmo que tudo que eles estivessem vivenciando fosse "muito bom", ela os persuadiu de que comer o fruto da árvore proibida os tornaria mais parecidos com Deus. Os ensinamentos judaicos sugerem também que eles se tornaram impacientes e não estavam dispostos a esperar pela próxima comunicação divina, que os teria conduzido à beleza culminante do sabá. Em vez de ouvir Deus e de manter seu relacionamento com o Divino, eles escutaram seus próprios desejos e foram vencidos pela dúvida e confusão. Desde então, temos tido muita dificuldade em nos manter no prumo rumo à divindade.

De certo modo, Adão e Eva eram incertos e frágeis demais para conterem a glória divina. Essa sensação de fragilidade ecoa uma explicação cabalística da história da criação. Segundo o mestre cabalista do século XVI, rabino Isaac Luria (1520-1572), de Safed, a luz divina deu forma ao mundo emanando dez recipientes, ou *sefirot*, e então derramando neles a luz. A luz original, no entanto, era poderosa demais e despedaçou os recipientes, espalhando cacos de luz por todo o universo. São esses cacos que formam nosso mundo atual. Cada um deles está agora coberto por uma *klipah*, ou casca, e a tarefa humana é quebrá-la para revelar a luz. A casca é a fachada; a luz em seu interior é o verdadeiro ser. Em nível humano, a casca é nossa personalidade ou ego, a máscara que mostramos ao mundo. A luz no interior é nossa alma, nossa refração individual da imagem divina.

A missão — a correção do erro original de Adão e Eva — é separar o bem do mal, que se misturaram no mundo. Essa separação acontece toda vez que escolhemos o bem. No entanto, a cabala nos ensina que não se trata de fazermos meramente uma série de boas escolhas, como se tivéssemos uma lista de tarefas à nossa frente durante nossa vida. Seria desestimulante, já que nossas escolhas são tão numerosas que dificilmente teríamos a confiança de fazêlas todas corretamente. Em vez disso, quando escolhemos o bem, também começamos a nos recriar como seres que brilham com luz interior. Podemos então nos afinar cada vez mais com nossa fonte divina, de modo que nossas escolhas cotidianas venham do núcleo puro de nosso ser, pois o judaísmo ensina que todas as almas são puras em sua essência, e que não há defeito incorrigível em nenhuma delas.

Podemos imaginar então cada ser humano como uma linda lamparina antiga na qual é derramado óleo brilhante e caro, que parece um arco-íris enchendo o recipiente. A lamparina, porém, está toda suja e quase cheia de um sedimento áspero e marrom. Quando o óleo a enche, você não pode vê-lo de jeito nenhum por causa do resíduo escuro. Se você começar a tirar o sedimento com a colher e a limpar a superfície interior, começará a ver o óleo radiante, mesmo que um pouco de sedimento fique no fundo. Quanto mais você o limpar e clarear, mais o líquido poderá ser visto. Esse é um processo gradual de refinamento que sugere um caminho para a realização do trabalho espiritual. Quando descobrimos que algo está bloqueando nossa manifestação da imagem divina, nós o limpamos, e nossa verdadeira luz interior pode brilhar mais. A metáfora do refinamento é semelhante à usada pelo teólogo cristão do século XV, Thomas à Kempis, que escreveu: "Como o ferro jogado no fogo perde sua ferrugem e se torna branco e brilhante, aquele que se volta completamente para Deus é limpo de sua letargia e transformado num novo homem".[3]

No entanto, quando contemplamos essa possibilidade de nos refinarmos, perguntamos se é possível. Será que podemos realmente nos livrar de nossos hábitos característicos de perus e nos tornar parte da realeza, cheios do propósito divino? A sociedade frequentemente reforça nosso medo interior de que apenas indivíduos extraordinários possam ser cheios de Deus, idolatrando certos tipos de pessoa e ignorando outros. Isso não é verdade! Apague de seus arquivos interiores a crença de que apenas certos tipos de pessoa podem obter proximidade com Deus ou conquistar a unificação com sua verdadeira imagem divina. Uma pessoa normal, alicerçada na vida cotidiana, pode fazer isso. Precisamos apenas encher nossa própria vida com a luz da divindade. Assim como o sapato é formado numa fôrma, nós precisamos apenas do molde da nossa própria alma.

Felizmente, temos ajuda na tarefa de descobrir essa forma. Temos um mapa que nos guiará através do território da alma, o mapa que tem sido denominado Árvore da Vida.

Mapeando as energias divinas

O mundo comum é realmente apenas o nível mais inferior — "debaixo da mesa" — de um enorme palácio cósmico. Do mesmo modo, os seres humanos não são simplesmente o que parecem ser. Não somos apenas nosso corpo físico, por exemplo. O corpo em que vivemos é uma manifestação densa de uma estrutura mais profunda conhecida como a Árvore da Vida ou a Árvore das *Sefirot*. Como vimos anteriormente, *sefirot* é o termo para os recipientes originais nos quais a luz divina foi derramada. Apesar de se terem despedaçado, sua forma foi reconstruída e se tornou o modelo básico para a criação que se seguiu.

O conceito das *sefirot* é desconhecido da maioria dos cristãos nessa forma, então vou explicar um pouco mais. As referências mais remotas que temos a elas estão no *Sefer Yetzirah*, um conjunto antigo de ensinamentos que parece ter sido divulgado por escrito no máximo no século III EC. Ele menciona várias vezes as "Dez *sefirot* do Nada" e as descreve da seguinte maneira:

> Sua medida é dez
> que não têm fim
> Uma profundeza de início
> Uma profundeza de fim
> Uma profundeza de bem

Uma profundeza de mal
Uma profundeza de acima
Uma profundeza de abaixo
Uma profundeza de leste
Uma profundeza de oeste
Uma profundeza de norte
Uma profundeza de sul
O Mestre único
Deus, o Rei Fiel
domina sobre todas...[4]

Os comentários explicam que essas *sefirot* se referem a atributos e a nomes de Deus. Realmente, o *Sefer Yetzirah* começa alguns versos antes com um louvor ao Deus Criador, usando dez diferentes expressões bíblicas para Ele. Isso não se distancia muito dos antigos ensinamentos cristãos, bem conscientes do significado dos atributos divinos; um teólogo influente do século IV, por exemplo, que escrevia sob o pseudônimo de Dionísio Areopagita, compôs um longo tratado sobre os nomes divinos.[5]

Com o tempo, a assimilação de outros nomes bíblicos foi se apagando da memória cristã, exceto em fórmulas rituais como "em nome do Pai, do Filho e do Espírito Santo". Na cabala, no entanto, seu significado foi mantido vivo. Os "nomes" foram compreendidos como os meios pelos quais Deus escolheu manifestar a divindade no mundo, e o conhecimento do seu significado espiritual era uma chave, tanto para a proximidade com Deus quanto para a realização dos Seus planos. Na Idade Média, o mistério dos nomes divinos já tinha conquistado expressão no diagrama das dez *sefirot*, que podem ter sido originalmente uma tentativa de mapear as dez "profundidades" mencionadas no *Sefer Yetzirah*.

Na linguagem cabalística, então, quando falamos da *sefirah* (na forma singular) *Tiferet*-Esplendor, significa que Deus se manifesta no mundo por meio do que percebemos como beleza, que frequentemente associamos com extraordinária aparência e harmonia. A palavra *Esplendor* tenta captar algo desse modo específico da revelação do próprio Deus. Não devemos, porém, nos prender demais à palavra por si só, pois o nome divino associado à Esplendor é muito mais profundo do que o próprio fonema em nosso idioma. As palavras simplesmente apontam em direção a algo que deve ser descoberto numa investigação mais profunda.

A dificuldade em captar a manifestação de Deus em palavras nos revela que as *sefirot* também representam níveis do oculto. A cabala ensina que a luz divina é tão intensa que, se fosse apresentada a nós diretamente, não poderíamos vê-la de jeito nenhum, e, na verdade, não poderíamos sobreviver. Como vimos, numa criação anterior, os vasos foram estilhaçados pela intensidade da pura luz divina. Do mesmo modo, a tradição bíblica registra as palavras de Deus a Moisés: "Homem nenhum verá minha face e viverá" (Êxodo 33:20).

No entanto, os místicos têm nos ajudado, quando expressam de modo claro algumas dimensões desse oculto. Provavelmente, se um mapa fiel da revelação das energias divinas pudesse ser traçado, seria tão complicado quanto as descrições das estruturas de DNA usadas na biologia.[6] No entanto, não é necessário conhecer toda sua complexidade para se beneficiar da perspectiva da cabala, assim como não é preciso compreender física para se tirar proveito da eletricidade.

Nosso modelo simples de dez *sefirot* básicas é representado na forma genérica de um corpo humano, pois esse é um dos véus usados pelos atributos divinos. Aqui, o nível mais próximo ao divino está no alto, acima da cabeça (assim como o chakra da coroa, descrito nos ensinamentos do yoga). O nível que se manifesta no mundo físico está representado nos pés. Normalmente, esse modelo também organiza as dez *sefirot* em três triângulos. O diagrama da página seguinte mostra as conexões tradicionais entre as *sefirot*, com os relacionamentos triangulares enfatizados em negrito. Você verá esse diagrama e partes dele muitas vezes ao longo da leitura deste livro. Ele também pode ser imaginado como uma árvore cujas raízes apontam para os céus, e as flores e os frutos se espalham pelos ramos abaixo.

Nós discutiremos o mapa completo a partir de duas perspectivas diferentes. A primeira delas, na Parte II, é em sentido descendente e ilustra a maneira como as energias divinas se transformam e se manifestam, procedendo da emanação da luz de Deus sobre o mundo em sua forma conhecida por nós. Eu denomino essa perspectiva a "Revelação da Criação". Na Parte III, eu descreverei as *sefirot*, assim como o "Caminho da Lembrança". Essa abordagem as vê como uma multiplicidade de vozes. Essa compreensão nos levará a uma rota mais cheia de curvas, começando na base do diagrama e subindo ao longo da árvore, passando por vários estágios de desenvolvimento, mas também se erguendo em espiral ao longo das *sefirot* para indicar suas correlações. No final,

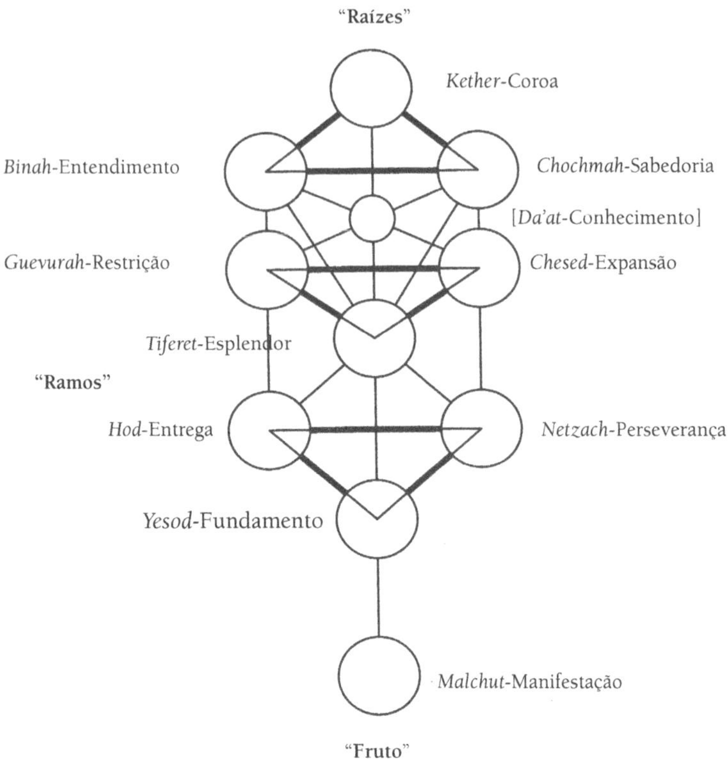

esse processo nos levará ao lugar mais profundo do nosso coração, onde unificamos nosso eu humano com o Divino. O ato de nos movermos ao longo dos caminhos da Árvore dessas duas maneiras nos ajudará a entender como as *sefirot* se aplicam a diferentes áreas da vida.

Vamos agora acrescentar os nomes das *sefirot*. Você provavelmente desejará memorizá-los e revê-los frequentemente, já que fazem parte do vocabulário básico da cabala. Então vamos ao início, à cabeça, para iniciar nossa rota através do processo criativo divino.

AS DEZ *SEFIROT*

Hebraico	Português	Posição no corpo	Significado
Kether	Coroa	alto da cabeça	Centelha divina; vontade; alma
Chochmah	Sabedoria	têmpora direita	primeira emanação da luz; centelha da inspiração; semente do pensamento
Binah	Entendimento	têmpora esquerda	Alimentação da centelha, transformando-a em chama, a semente no interior de um organismo
*Da'at**	Conhecimento	cérebro e coluna vertebral	"décima primeira *sefirah*", unindo e conectando o conhecimento
Chesed	Expansividade	ombro e braço direito	gentileza amorosa; graça divina e apoio universal
Guevurah	Restrição	ombro esquerdo e braço esquerdo	disciplina; limitação; força de caráter
Tiferet	Esplendor	coração e plexo solar	equilíbrio harmônico das tendências; o "arco" que une e liga todas as *sefirot*
Netzach	Perseverança	quadril direito e perna direita	iniciativa energética; energia
Hod	Entrega	quadril esquerdo e perna esquerda	aceitação, concessão
Yesod	Fundamento	ventre e genitais	processamento e transmissão de energia das *sefirot* anteriores
Malchut	Manifestação	pés e lábios (como o órgão da comunicação com o mundo exterior)	"Reino"; *Shechinah*, a impressão final provocada no mundo físico; a presença divina emanando no mundo

* *Da'at* é incluída em vários esquemas cabalísticos como uma alternativa a *Kether*, porque *Kether* é considerada como algo além de toda descrição. Veja pp. 77-79.

Parte II

A REVELAÇÃO DA CRIAÇÃO

3

A mente divina

O Senhor com sabedoria fundou a terra,
Com inteligência estabeleceu os céus
Pelo seu conhecimento os abismos se rompem.

— *Provérbios 3:19-20*

O mar divino da consciência

A cabala ensina que o universo começa com um pensamento de Deus, ou melhor, o despertar da vontade, algo que vem antes mesmo do pensamento. Podemos imaginar esse pensamento como uma centelha de desejo que surgiu no mundo da infinidade, que os místicos judeus chamam de *Ein Sof*, "Aquele que não tem fim nem limite". Cientistas descreveram o início como uma onda ou marola num mar infinito de energia, intensificando-se para se transformar num ponto inimaginavelmente quente, do qual nasceu o universo. Essa primeira marola foi a vontade, o desejo de criar, e é denominada *Kether*-Coroa.

Cada vez que essa vontade ondulava através do cosmos emergente, cada onda era uma nova ocorrência de potencial, denominada *Chochmah*-Sabedoria. À medida que as ondas interagiam e criavam ressonâncias umas com as outras, padrões emergiam. Esses padrões são conhecidos como *Binah*-Entendimento. Chamamos essas ocorrências de "pensamentos de Deus", mas, de acordo com a Bíblia, "Meus pensamentos não são os vossos pensamentos, diz o Senhor" (Isaías 55:8). A forma tomada pela Luz infinita não é a mesma das operações mentais normais, como o raciocínio e o cálculo. A mente de Deus, sua vontade e sabedoria, como os místicos frequentemente se referem a ela, semelhante ao Logos da teologia cristã, é o poder por detrás de cada novo lampejo de criatividade no universo. Nossas palavras humanas, como *vontade*, *pensamento* e *mente*, já são pequenas demais para podermos imaginar a entidade por trás da criação de um universo inteiro, quanto mais de vários universos, como sugere a cabala.

Os níveis que estamos tentando descrever estão representados no sistema cabalístico como as *sefirot* da cabeça. Os três aspectos da mente universal são retratados em diagramas cabalísticos tradicionais como as *sefirot* no alto da cabeça e nas têmporas direita e esquerda. A coroa é fisicamente a moleira, a abertura no crânio do bebê recém-nascido em que os ossos ainda não se juntaram completamente. Viemos para a Terra ainda abertos a nossa conexão celeste. As têmporas esquerda e direita indicam outras duas *sefirot* da cabeça, Sabedoria e Entendimento. Uma quarta quase-*sefirah* da cabeça, conhecida como *Da'at*-Conhecimento, também aparece no misticismo medieval e posterior.

A cabala nos lembra de que essas três (ou quatro) energias se encontram tão intimamente inter-relacionadas que são na realidade uma só. Os cristãos interessados em cabala às vezes reivindicam que a tríade do "primeiro nível" da emanação divina se refere à Trindade, o conceito de Deus como três-em-um. Não há provas, no entanto, de que a ideia cristã da Trindade tenha influenciado a estrutura tríplice; em vez disso, a alusão de Provérbios no início desse capítulo nos dá o texto-raiz. A ideia neoplatônica de várias "emanações" do uno provavelmente teve algum impacto em ambas as tradições, mas cada uma delas desenvolveu suas próprias interpretações distintas.

Além disso, os místicos enfatizavam que nada relacionado à variedade de atributos e manifestações divinas deveria ser concebido como algo que minasse a unidade de Deus. A maior afirmação no judaísmo é a declaração *Shema Yisrael, Adonai Elohênu, Adonai Echad* — Ouve, ó Israel! O Eterno é nosso Deus, o Eterno é um. O rabino Abraham Isaac Kook, rabino-chefe da Palestina de 1920 até sua morte, em 1935, escreveu que essa frase contém o pensamento mais poderoso que alguém pode pensar. Se quisermos nos relacionar com a mente de Deus, nosso primeiro ato deve ser afirmar sua unidade — que Deus é um e único, fonte de toda unidade:

> A afirmação da unidade de Deus anseia por revelar a unidade no mundo, no homem, entre as nações, e em todo o contexto da existência... Esse é o mais augusto pensamento entre os pensamentos elevados que a capacidade intelectual do homem pode conceber, é revelado por meio de

sua receptividade à iluminação espiritual, e pode levá-lo à altura de uma revelação do Divino, por meio da razão, ao conhecimento denominado "face a face".[1]

Nosso desejo de universalidade, nossa intuição de que somos todos um e nosso conhecimento de que Deus é um são mensagens gravadas em nós pela mente original. O famoso físico David Bohm escreveu: "O universo é um todo integrado e contínuo".[2]

O termo para a palavra *cabeça* em hebraico tem a mesma raiz de *começo*. As *sefirot* da cabeça se conectam e sustentam a totalidade do desenvolvimento criativo no universo inteiro, alcançando toda atividade mental consciente nesse planeta. No entanto, como a parte submersa de um iceberg, sua atividade vai além da nossa consciência. A atividade da mente de Deus não é inconsciente no sentido de uma atividade física num nível inferior, mas "transconsciente", indo além de nossa consciência normal quando estamos acordados. Essas *sefirot* da cabeça são denominadas "as coisas ocultas", porque são completamente invisíveis até se expressarem num nível mais acessível. À medida que tentarmos explicá-las e torná-las "visíveis", nas próximas seções, lembre-se de que estaremos sempre buscando expressar o inexprimível, usando as melhores metáforas que pudermos encontrar.

O início do desejo: *Kether*-Coroa

A *sefirah* que se encontra no alto da Árvore da Vida é conhecida como *Kether*-Coroa, ou vontade. O termo hebraico para vontade também significa desejo. A primeira coisa que precisou acontecer para que um universo surgisse foi o fato de ele ter sido desejado, ou de um desejo ter se manifestado. Em retrospectiva, dizemos que Deus quis criar um mundo. Mas já as próprias palavras definem o que ainda era indefinido: simplesmente uma vontade que resultou numa determinada mudança a partir do que existia. A vontade é a origem da criatividade.

A metáfora para coroa nos diz algo diferente sobre a vontade. Descobrimos, não somente no judaísmo, mas também na tradição yogue do hinduísmo, que o ponto energético mais elevado de uma pessoa é chamado de coroa — o chakra da coroa. Ela é uma metáfora física ou símbolo de uma energia superior, percebida pelos clarividentes como pairando acima da cabeça. Em pinturas medievais, ela era representada por uma auréola. Reis, sacerdotes e outros oficiais supostamente tinham acesso a essa energia da coroa, e talvez tenham começado a usar diademas de ouro cravejados de pedras preciosas para se assegurarem de que seus súditos reconhecessem que sua autoridade era derivada de um poder superior, merecessem eles ou não. Em nível espiritual, a energia no alto da cabeça é um tipo de luz que emana da alma.

As teorias mais avançadas da biologia sugerem que algum construto conceitual, semelhante à ideia de uma coroa, seria necessário para explicar a incrível capacidade de os organismos crescerem numa determinada direção e de se regenerarem. Os místicos judeus dizem que tudo, até mesmo uma folha de grama, tem um anjo que lhe diz: "Cresça! Cresça!" Do mesmo modo, nós frequentemente falamos do instinto de sobrevivência como uma força poderosa na vida.

Na cabala, esse poder da vontade é uma energia que aponta para uma meta.

A coroa se expressa num nome específico de Deus encontrado na Bíblia, o nome revelado a Moisés na sarça ardente: *Ehyeh asher Ehyeh*, "Eu serei o que serei", o que significa que toda a criação está ligada à unidade extrema de Deus, porque tudo é a revelação e a concretização da vontade divina de ser. Biologicamente, as espécies humanas vieram de uma fonte genética; em nível espiritual, a humanidade também tem apenas uma origem. A cabala se refere a ela como o Adão primordial (*Adam* significa "ser humano" de modo genérico). Como vimos antes, esse Adão foi criado precisamente "à imagem de Deus". Fontes antigas retratam o Adão primordial como um personagem gigantesco brilhando com uma luz que podia ser vista de um lado a outro do mundo. Cada ser humano existente ou que já tenha existido está ligado a esse Adão original; somos todos, coletivamente, esse Adão. Em nível pessoal, o judaísmo ensina que a alma é completamente pura, por causa de sua conexão com a essência divina representada na Coroa. Não importa o que aconteça enquanto a alma estiver numa encarnação física na Terra, nada pode abalá-la ou perturbar sua conexão inerente com Deus. Além disso, ela está sempre tentando expressar sua verdadeira essência por meio da nossa vida.

Porque nos foi dado o livre-arbítrio, temos a possibilidade de perder a sintonia nessa conexão de nossa alma, por assim dizer. Com o tempo, podem se desenvolver bloqueios, como que endurecimentos das artérias espirituais, nos canais mentais, emocionais e físicos mediante os quais a alma tenta se expressar. Mas ela continua — talvez desapontada por não ser capaz de completar seu trabalho, mas sem mudar sua essência única. Isso significa que o ser humano sempre pode retornar à fonte, retornar a Deus, pois há uma âncora divina individual na alma de cada um de nós. Essa capacidade absoluta de retornar — em hebraico *teshuvah* — é construída dentro da própria estrutura do universo. Esse é um dos significados de unidade final.

Sabedoria e loucura: *Chochmah*-Sabedoria

A energia da Coroa irradia uma "luminescência sobrenatural", denominada *Chochmah*-Sabedoria. É uma experiência, uma exploração, a emergência da possibilidade de "algo", mesmo que esse "algo" ainda não seja "nada". Essa *sefirah* é o canal para a força criativa em todo o universo. No mundo natural, seu resultado é uma diversidade extraordinária e totalmente imprevisível. No mundo humano, seus resultados são a inspiração e a revelação, incluindo o que chamamos de iluminação no misticismo. As experiências de Sabedoria são o fundamento de todas as tradições religiosas do mundo e a origem de multidões de grandes empreendimentos criativos.

Em nível cósmico, sabemos agora que o universo não nasceu por acidente, pelo resultado de colisões ocasionais de átomos. Deve haver alguma fonte para a forma ou organização — o que coloquialmente chamaríamos de propósito — no universo conhecido. Se ele foi, de certo modo, "planejado", Sabedoria é o arco que atira as flechas em direção a seu alvo. Não podemos vê-lo, assim como não podemos ver as partículas elementares que os físicos supõem existirem. Exatamente como os cientistas rastreiam os movimentos das partículas com instrumentos sofisticados e encontram suas marcas espalhadas numa tela, nós inferimos a *sefirah* da Sabedoria a partir dos seus resultados — criatividade e diversidade.

Os místicos se voltaram para uma passagem do livro bíblico de Provérbios para exaltar o papel da Sabedoria na criação, de um modo metafórico que expressa a alegria dessa energia divina:

> O Senhor me possuía [Sabedoria], no início de sua obra,
> Antes de suas obras mais antigas.
> Desde a eternidade fui estabelecida, desde o princípio, antes do começo da terra, antes de suas obras dos tempos antigos.
> Antes de haver abismos, eu nasci...
> Quando Ele preparava os céus, ali estava eu...
> Quando compunha os fundamentos da terra.
> Então eu estava com ele e era seu arquiteto, dia após dia, eu era suas delícias, folgando perante ele em todo o tempo; regozijando-me no seu mundo habitável, e achando minhas delícias com os filhos dos homens. (Provérbios 8:22-31)

Esse tipo de sabedoria não se expressa diretamente em palavras — o que poderia expressar o "folgar" de Deus? Podemos ter uma noção a partir de uma descrição da vida selvagem na evolução natural, feita pelo cosmólogo e matemático Brian Swimme. Falando da escolha consciente dos animais quando se deslocam para um novo território, ele escreve:

> Seu movimento em direção à futura evolução começou com o compromisso com uma visão — uma visão fortemente sentida, mas vislumbrada apenas de modo fugaz e sombrio. Talvez tenha sido somente a excitação do galope que tenha cativado a primeira consciência do cavalo e que o tenha convencido a tomar a decisão que determinaria sua espécie: "Correremos, aconteça o que acontecer". Ele não tinha nenhuma visão de si mesmo no futuro, e ainda assim esse futuro pressionava sua experiência do momento. "Esse é um modo de viver. Esse é um caminho pelo qual vale a pena arriscar tudo."[3]

A Sabedoria divina e todos os fugazes vislumbres que temos dela vêm de um lugar além de todo equilíbrio e estabilidade, gerando um ato "pelo qual vale a pena arriscar tudo". Com esse ato, Deus criou o universo.

A sabedoria é frequentemente descrita como um raio de luz, provavelmente por seu brilho extraordinário e pela capacidade de iluminar tudo simultaneamente. A expressão "raio de inspiração" tem em si algo do mesmo significado. Raios são parte dos relatos da experiência dos antigos israelitas no Monte Sinai, a revelação central do judaísmo. Eles sugerem níveis profundos de transformação, por exemplo, nos comentários da Torá, que afirmam que eles "ouviram as vozes". Essa afirmação indica uma experiência muito mais profunda do que simplesmente se ouvir palavras faladas, como o rabino Schneur Zalman de Liadi, fundador da escola Chabad de hassidismo explica:

> "Foi *mostrado*", na realidade, por meio da visão física, como está escrito: "E todo o povo *viu*... o som do *shofar*" (Êxodo 20:18) — "Eles viram o que era [normalmente] ouvido". E os rabinos, de abençoada memória, explicaram: "Eles olharam para o lado leste e ouviram a voz dizendo, 'Eu sou', etc. o mesmo aconteceu em direção aos quatro pontos cardeais, e para cima e para baixo", como está explicado... que "Não havia lugar do qual Deus não estivesse falando com eles..." Por isso os israelitas repetidamente entregavam sua alma, como os rabinos pensavam: "A cada declaração, a alma deles levantava voo... mas o Santo, Bendito seja Ele, as trazia de volta para dentro deles com o orvalho com o qual Ele ressuscitará os mortos".[4]

Essas descrições aludem à dissolução do tempo/espaço, sinestesia (cruzamento de tipos de percepção sensitiva) e estados alterados da consciência. Experiências semelhantes de iluminação e vislumbres em várias tradições místicas são extraordinariamente intensas em sua clareza e efeitos físicos, e potencialmente transformadoras em seus resultados.

Os cabalistas dizem que a *sefirah* Sabedoria se manifesta na primeira palavra dos Dez Mandamentos: "Eu sou". A Unidade Absoluta se expressa como "Eu", o que normalmente chamamos de deidade pessoal, isso é, o Divino se expressando na metáfora da "pessoa". A Divindade, que estava além de todas as categorias, penetra voluntariamente numa categoria que compreendemos, revelando-se como uma entidade que tem vontade e atos próprios: "Eu sou o Senhor teu Deus que te tirou da terra do Egito". Essa é a expressão mais concreta de um ato pelo qual vale a pena arriscar tudo: escolher os seres humanos para se unirem a Deus na criação de um mundo melhor.

Os poderes criativos dessa *sefirah* dizem respeito à criação das raízes das entidades denominadas almas.[5] Assim como a raiz de uma planta pode se diversificar acima da superfície do solo em vários caules, há raízes de almas em Sabedoria que mais tarde se diversificam em várias almas individuais. Por isso, o renomado mestre de cabala americano, rabino Aryeh Kaplan, comenta sobre o famoso ditado rabínico: "A quem se deve chamar sábio? Àquele que aprende com todos os homens" (*Avot* 4.1): "É em nível de Sabedoria que todos os homens são um só".[6] Essa ideia amplia significativamente nosso conceito de alma. Ela não está limitada apenas à essência pessoal, mas também, num nível mais profundo e oculto, se liga a outras almas através do tempo e do espaço. Como estrelas, constelações e galáxias, algumas delas parecem estar mais próximas do que outras, formando sistemas ou grupos. Sua luz original é a Coroa; as frequências diferentes que começam a surgir vêm da Sabedoria.

Quer estejamos conscientes disso ou não, a Sabedoria expressa o fato de que cada um de nós é uma experiência audaciosa de Deus. Como o primeiro broto que surgiu da terra, como o primeiro cavalo prestes a galopar, somos todos uma nova criação. Além disso, essa criação continua. O rabino Abraham Isaac Kook escreveu sobre o espírito humano: "Ondas do reino superior atuam incessantemente em nossa alma. A excitação de nossa sensibilidade espiritual é o resultado dos sons emitidos pelo violino de nossa alma, enquanto ela ouve o eco do som que emana do reino divino".[7]

O passo seguinte nesse desenrolar é a incrustação das correntes de luz e marolas de som da Sabedoria no mar da consciência denominado Entendimento.

Padrão e imaginação: *Binah*-Entendimento

Se *Chochmah*-Sabedoria são ondas de energia, *Binah*-Entendimento é forma. Em nível de divindade, Deus "compreende, sustenta" e mantém as formas potencialmente tomadas pela criação. A partir da perspectiva do nosso mundo, Entendimento, assim como Sabedoria, ainda se encontram apenas em seu estado potencial; na verdade, o rabino Nachman de Breslov denominou essa *sefirah* de "o mundo do porvir", o que significa que ela contém a luz divina e o conhecimento supremo, que não pode ser completamente revelado agora, mas apenas num estado futuro.[8] Ainda assim, Entendimento é mais estruturado e está mais próximo do nosso mundo do que os lampejos de Sabedoria. Simbolicamente, ele representa a mãe-matriz; em termos mais modernos, seria o modelo divino ou o padrão da existência.

A descrição de Entendimento como mãe e de Sabedoria como pai vem de ensinamentos antigos e é muito proeminente no *Zohar*. Devemos reconhecer que, em nível de *sefirot* superiores, não há realmente sexo, pois toda distinção pertence ao mundo inferior da dualidade. Como metáforas, "pai" e "mãe" expressam aspectos fundamentais do processo criativo em termos que podemos captar imediatamente. O pai produz uma semente que não é capaz de crescer sozinha; ela precisa do alimento do ventre da mãe. "A *potentia* do mundo (a semente de *Chochmah*) é exteriorizada e individualizada no ventre de *Binah*, mas permanece oculta como um feto. Por isso, *Binah* é denominada mundo oculto."[9]

Binah-Entendimento, como "ventre", é reminiscente da Grande Mãe da mitologia arquetípica e da psicologia, a matriz a partir da qual diferenças e relacionamentos nasceram. Pode ser que a consciência interior do aspecto da mãe divina tenha levado os cristãos antigos e medievais a elevarem Maria, mãe de Jesus, a um *status* sobrenatural. Os cabalistas descreveram *Binah* como o "espaço vago", o oco cavado no Infinito, de modo a que um universo finito pudesse vir a existir.[10] Nesse sentido, Entendimento representa o início da separação, o mundo criado por meio da contração divina. Ainda assim, em seu nível, as diferenças não criam oposição, mas apenas harmonia. Como os místicos dizem, "apenas a benignidade se revela" nas três *sefirot* superiores, e, citando o livro de Salmos, "o mundo está edificado [e a palavra hebraica para edificar se relaciona a *Binah*] sobre a benignidade" (Salmo 89:2). *Binah*-Entendimento é como um mar de consciência divina no qual nadam as mentes pessoais.

Porque as *sefirot* superiores estão profundamente unidas, a forma triangular nas quais elas são tradicionalmente representadas pode ser algo confusa, pois sugere que pai e mãe são opostos dualistas, um em oposição ao outro na base do triângulo. Também podemos ver seus relacionamentos na forma seguinte, que lembra uma semente no ventre:

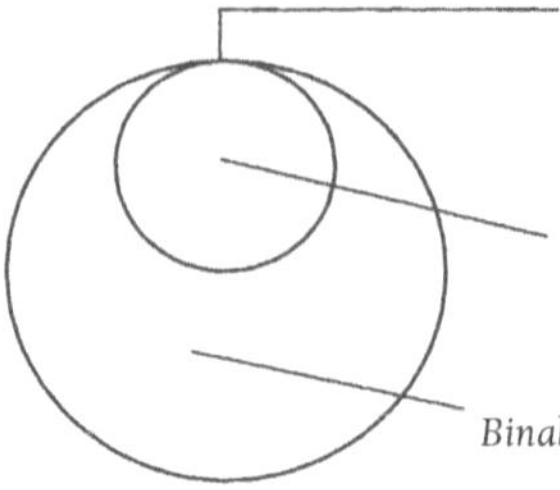

Outra abordagem é sugerida pelo modo como os cabalistas situaram essas três energias no corpo humano. Coroa está na têmpora, Sabedoria no espaço entre o crânio e a meninge, Entendimento está ligado tanto ao centro do cérebro quanto ao lado direito do coração.

Como opera a *sefirah* Entendimento? Quando a alma/energia divina vai de Sabedoria a Entendimento, ela penetra na mãe-matriz. Apesar de esse ainda ser um mundo oculto, ele, no entanto, fornece certo nível de formação e de expressão às vibrações abstratas de Sabedoria. Alguma força faz com que as centelhas de energia sejam atraídas uma em direção à outra, de modo que se liguem e se tornem o que podemos reconhecer como pensamentos, ou, ainda mais fundamentalmente, imagens ou metáforas. Assim como a gravidade no cosmos físico, Entendimento possibilita a estabilidade de ideias e padrões.

A *sefirah* Entendimento pode estar relacionada ao que alguns místicos denominaram "terceiro olho" (no hinduísmo, o sexto chakra). Os episódios telepáticos, sonhos e profecias emergem dessa consciência que tudo abrange. Entendimento representa a informação — a ação que informa — que pertence a qualquer um. Minha filha caçula uma vez me disse, citando o velho rabino que foi seu professor de primeiro ano: "Quando você tem uma ideia, lembre-se de que ela é apenas parte do que está pairando ao seu redor, e que por acaso foi você que a captou no ar". Isso também ajuda a explicar por que descobertas científicas importantes muitas vezes ocorrem quase simultaneamente em dois ou mais laboratórios diferentes.

As informações que vêm de Entendimento normalmente se codificam em imagens, como nos sonhos. Entendimento também está ligado ao coração e a sentimentos de alegria profunda, porque "a meditação do meu coração será de entendimento" (Salmo 49:3). Essa característica multidimensional da *sefirah* Entendimento, essa conexão coração-mente, sugere que ela permeia vários aspectos do nosso consciente, assim como do nosso inconsciente.

Num nível mais básico, ela fornece os modelos com os quais todas as outras *sefirot* se relacionam. Como indiquei quando falei sobre a Sabedoria, as religiões normalmente têm suas raízes em revelações fundamentais de alguma fonte espiritual que fornece um caminho específico para se acessar reinos superiores. O "vislumbre" ou a semente da revelação é Sabedoria, e sua elaboração num padrão básico é Entendimento. No judaísmo, com a revelação conhecida como a outorga da Torá, vimos que a experiência de Sabedoria está incrustada na expressão "Eu sou". As qualidades formadoras de Entendimento estão representadas nos Dez Mandamentos: dez princípios que encarnaram Sabedoria e que se tornaram um modelo para todo o estilo de vida judaico nos milênios que se seguiriam. De outras maneiras, a revelação do Alcorão no Islã, a iluminação do Buda e a ressurreição de Jesus no cristianismo formaram um padrão básico para cada religião.

Afirmar que essa *sefirah* produz a formação de um modelo ou matriz significa que ela produz um padrão que pode ser preenchido por diferentes conteúdos. Em outras palavras, Entendimento nos diz que há um padrão que governa nossos pensamentos. Cada sociedade imprime seus moldes inconscientes em seus membros por meio da linguagem e do comportamento habitual. Cada tradição religiosa e espiritual busca imprimir um modelo diferente e superior ao estabelecido pela sociedade, nos exortando a vivermos num nível diferente. Eu falei da vontade da alma, vinda de *Kether*-Coroa, como de um anjo que diz à folha de grama: "Cresça!" Aqui, num nível mais concreto, o modelo da tradição é como um molde angélico que oferece um foco para a aspiração: "Cresça em direção a esse ideal!"

A ideia de um modelo é fisicamente configurada num templo. Do ponto de vista arquitetônico, um templo físico cria um local sagrado que comunica os padrões subjacentes de uma tradição. O templo original do judaísmo era um santuário portátil ou tabernáculo, que incorporava simbolismo cósmico a seus componentes e estruturas.[11] Num padrão paralelo, a catedral medieval, com suas linhas cruciformes, suas grandiosas esculturas e vitrais, contavam histórias que informavam o modelo básico da cristandade europeia. O método pelo qual a *sefirah* Entendimento penetra na consciência humana é o que chamamos de "contemplação", literalmente, a integração do modelo a seu próprio interior. A maioria das tradições tem algum tipo de meditação contemplativa, oração ou prática repetitiva que ajuda um discípulo a interiorizar o modelo dessa tradição. Salmos ou hinos, cânticos ou danças acarretam imagens e metáforas com ritmo e melodia para ajudar os adeptos a integrar os elementos básicos da fé.

O judaísmo tem vários modelos inter-relacionados, todos eles expressando a vontade de Deus (*Kether*). Primeiro, os Dez Mandamentos, cujas palavras trouxeram a vontade de Deus para a Terra na forma discursiva. A lembrança da Torá, incluindo a Torá oral do judaísmo (discussões sobre as leis, primeiramente transmitidas de modo oral e mais tarde compiladas por escrito), amplifica e explica esses dez princípios básicos. Outro modelo é a imagem do santuário do deserto, que foi revelado a Moisés numa visão. Esse santuário expressava a vontade divina de se manifestar na Terra, como "a casa de Deus". Estar na casa de Deus se tornou uma metáfora importante da ligação com Deus: "Felizes aqueles que se assentam em Tua casa! (Salmo 145); "Uma coisa peço ao Senhor, e a buscarei: que eu possa morar na Casa do Senhor todos os dias da minha vida..." (Salmo 27:4). "E me farão um santuário, para que Eu possa habitar no meio deles" (Êxodo 25:8), se tornaram imagens-guias para a transformação do mundo. Ainda outra versão do modelo é a Árvore da Vida, que surgiu no pensamento cabalístico e é exatamente o que estamos estudando neste livro. Esse modelo nos ajuda a captar de modo pessoal, em nosso próprio corpo e identidade, a compreensão fundamental que Deus quer manifestar nesse mundo: *Kether*-Coroa busca evoluir até *Malchut*-Manifestação.

Todas essas imagens levam a mente, a imaginação e o coração a se engajarem com o modelo básico, que foi projetado para ser interiorizado no corpo, na mente e na alma de cada indivíduo. Você pode querer pensar sobre os modelos que informaram o cristianismo conhecido, tanto histórica como contemporaneamente. Por exemplo, os cristãos frequentemente meditavam sobre os sofrimentos de Jesus e relatavam histórias sobre sua divindade. Essas reflexões não são meramente exercícios esotéricos. O objetivo de todas essas práticas é transformar a mente — e finalmente o corpo — no "templo da alma", isto é, na imagem do ideal religioso.

Esse trabalho é muito importante porque, a partir da perspectiva da cabala, *todo o organismo sofre quando não possui um modelo mais profundo.* Também sofremos se o modelo que nos ensinaram a interiorizar não estiver alinhado com a realidade da vida como a vivenciamos (o que, como veremos, é a função das *sefirot* mais inferiores). Então, a *sefirah* Entendimento é uma das chaves da nossa tarefa crucial como seres humanos: restaurar a unidade da vida. De fato, o próprio estudo da cabala é um dos métodos de Entendimento, porque nos pede que reflitamos sobre o modelo básico da criação. Os fragmentos que aprendemos em qualquer empreendimento intelectual ou prático podem finalmente ser fundidos num entendimento unificado, quando os relacionamos ao modelo básico da *sefirah* Entendimento. O rabino Mordecai Miller, um dos grandes escritores éticos do judaísmo moderno, explica: "Apenas por meio da contemplação, do rastreamento concentrado da experiência, retornando por meio de efeito e causa até a Causa original, o homem pode atingir a integridade e a unidade em seu próprio interior".[12]

Unificação e intelecto: *Da'at* — Conhecimento

Integridade e unidade — como conquistá-las? Por um lado, devem ser um dom, já que vêm de um mundo além da realidade humana. E, no entanto, como tudo nos mundos superiores, nós temos reflexos da unidade em nosso interior. Esses reflexos aparecem nas *sefirot* da coluna central da Árvore, nos níveis do intelecto, dos atributos de caráter e da ação. Aqui consideraremos uma qualidade denominada *Da'at*-Conhecimento, uma décima primeira *sefirah* enfatizada por muitos místicos desde a época do *Zohar*. *Da'at*-Conhecimento na realidade não é uma energia independente por si só, mas é formada da confluência de Sabedoria e de Entendimento, e também é regida pela exteriorização da Coroa oculta. O termo *Da'at* aparece logo no início na Bíblia, pois a árvore proibida é denominada Árvore de *Da'at*, ou do conhecimento do bem e do mal. Quando a Torá fala da união de Adão e Eva, ela usa o mesmo termo: Adão "conheceu" sua mulher. Isso nos diz que a energia denominada "conhecimento" tem um papel específico no mundo humano, um conhecimento íntimo ou interiorizado.

Por isso, enquanto Coroa está além da compreensão humana, Conhecimento é a unidade, a unificação, no espelho do intelecto humano, o que poderíamos chamar de processo de integração. Quando estudamos um assunto tão a fundo que o interiorizamos, de modo que algo que aprendemos se torna nossa segunda natureza, temos a sensação de unidade com esse conhecimento. Uma artista que estuda os grandes mestres e depois incorpora o que aprendeu a suas próprias pinturas está usando Conhecimento. A inspiração e as visões artísticas desses mestres se tornam as dela, de modo que a *sefirah* Conhecimento as recebe de Sabedoria e de Entendimento e as transmite às *sefirot* mais inferiores. A *sefirah* Conhecimento é representada no corpo pelo cérebro e pela medula, que são os mensageiros dos impulsos neurais do cérebro para todo o resto do organismo.[13]

Conhecimento sugere "a limitação e finitude do conhecedor, do conhecido e daquele que está em processo de conhecimento.[14] Ainda assim, apesar da finitude do ser humano, os cabalistas afirmam que podemos vislumbrar a unidade com nossa mente. A inteligência racional, a consciência artística e a contemplação meditativa são métodos que têm sido usados em todas as religiões. Discutiremos alguns deles mais profundamente numa seção posterior de nossas práticas espirituais básicas. Conhecimento é o trabalho mental que fazemos quando ele serve ao nosso desejo maior de busca da unidade, em vez de nossa urgência mais inferior em satisfazer necessidades egoístas. Essa *sefirah* é a reflexão intelectual e contemplativa humana de *Kether*-Coroa. Apesar de suas manifestações serem diversas, sua meta é única.

Agora precisamos desviar nossa atenção. Olhamos para as *sefirot* superiores e vislumbramos um reino de criatividade aberta e livre, com a emergência de formas profundas e mágicas. Essas formas nos falam a partir de níveis que vão além de nossa existência normal, de um mundo de majestade e glória, da fonte de tudo que existe. Mover-nos desse nível mais alto para a realidade na qual normalmente vivemos e respiramos — o mundo do cotidiano, em vez do espaço sagrado da oração e da contemplação — é um salto através de um grande abismo. Metaforicamente, significa atravessar o firmamento entre os mundos superiores e os inferiores (Gênesis 1:7).

Um *midrash* conta que, quando Deus criou o firmamento para dividir as águas inferiores das superiores, as primeiras se queixaram. Deus as consolou, dizendo: "Vocês serão a fonte do sal, e nenhuma oferta será feita em Meu altar sem ele". Os oceanos salgados são obviamente a fonte da vida conhecida. A vida nos mundos inferiores é uma oferta no altar, um serviço a Deus.

4

As energias divinas

> O homem é composto de todas as entidades espirituais, e é perfeito em todos os seus atributos e foi criado com grande sabedoria [...] pois engloba todos os segredos da Carruagem, e sua alma está ligada a ela, mesmo que ele esteja neste mundo. Saibam que, a menos que ele fosse perfeito em todas as forças Daquele que é Bendito e Santo, ele não seria capaz de fazer o que faz [...] Há um grande poder sobrenatural nos homens, que não pode ser descrito.
>
> — *Sefer Ha-Ne'elam*

Um mundo de multiplicidade

No relato bíblico da criação, há um momento em que as águas superiores são separadas das inferiores por uma grande extensão normalmente denominada de firmamento. Podemos imaginá-lo como uma linha fina, que não é realmente física, entre o oceano e o céu num dia claro. Na parte superior da linha está *Binah*-Entendimento, levando-nos a níveis espirituais da consciência. *Da'at*-Conhecimento, fica imediatamente abaixo dessa linha, conectando-se ao mundo da experiência humana finita. As regiões mais abaixo são os mundos de separação: multiplicidade em vez de unidade.

Ainda assim, também são mundos dinâmicos, fluindo, se avolumando e retraindo num movimento quase constante. É como se Deus estivesse dizendo: "Eu criei os opostos, o superior e o inferior, o preto e o branco, a esquerda e a direita. Agora, unam-nos. Vivam no mundo inferior com a perspectiva superior do mundo da unidade".

Na Árvore da Vida, o mundo da multiplicidade é representado pelas sete *sefirot* inferiores. As *sefirot* da coluna da esquerda e da direita representam os opostos, enquanto as da coluna central são as forças unificadoras, cada uma com seu próprio atributo distinto.

As primeiras seis das sete *sefirot* inferiores compõem um padrão de energia dinâmica, que vem a repousar na última *sefirah* de *Malchut*-Manifestação. As seis *sefirot* também são chamadas de *midot*, o que significa literalmente "medidas". Isso indica o fato de que, diferente das primeiras três *sefirot* da cabeça, que são essencialmente uma só ou imensuráveis, esses princípios possuem limites: na verdade, como veremos, se limitam mutuamente. Como as medidas de um arquiteto ao projetar a forma do prédio, elas criam a estrutura da vida e também formam a estrutura do corpo humano. Enquanto as três primeiras *sefirot* se referem à cabeça, as seis seguintes são frequentemente representadas como duas tríades no corpo, como o torso superior e inferior: o coração e a cavidade abdominal. A última *sefirah* está nos pés.

A palavra *midot* significa também atributos, que são as qualidades que podem ser discernidas no mundo, como, por exemplo, os traços de caráter em alguém. São as qualidades de Deus-no-mundo, e que podem ser notadas nas pessoas. Vamos discutir os aspectos pessoais de todos os atributos na Parte III. Aqui, nos concentraremos em seu significado maior.

Vamos começar com as duas *sefirot* mais superiores, *Chesed*-Expansividade e *Guevurah*-Restrição, que constituem a expressão básica da dualidade no universo.

A dinâmica da dualidade

Se você já tiver lido livros sobre cabala antes, provavelmente terá visto essas duas *sefirot* sendo chamadas por outros nomes: Benignidade e Força, Amor e Poder, Misericórdia e Disciplina. Eu uso uma terminologia mais impessoal, Expansividade e Restrição, para enfatizar o fato de que essas *sefirot* não representam meramente atributos humanos, mas são fundamentais à totalidade do universo conhecido. A razão pela qual podemos facilmente achar paralelos a elas nos detalhes de nossas emoções e relacionamentos é que essas qualidades podem ser encontradas em tudo. Na verdade, são às vezes usadas para descrever os dois lados da Árvore da Vida inteira.

Chesed-Expansividade e *Guevurah*-Restrição são fundamentos do universo conhecido porque são princípios de dualidade, opostos, forças contrárias. Sua dinâmica primitiva é captada na seguinte descrição das condições do universo emergente:

> Na bola de fogo primordial, que rapidamente se expandiu em todas as direções, vemos uma metáfora do desejo

> infinito do ser consciente. O uso irrefreado dessa tendência cósmica levaria à dispersão final. No entanto, a bola de fogo descobriu um obstáculo básico a seus movimentos, a atração gravitacional. Apenas porque a expansão encontrou o obstáculo da gravidade, as galáxias vieram a existir [...] Várias das invenções do mundo natural se originaram de seres que encontraram as restrições do universo com resposta criativa. É somente ao lidarmos com a dificuldade que a criatividade vem a existir [...] A beleza da resposta surge de uma situação inerentemente difícil.[1]

A expansão da bola de fogo é uma expressão de Expansividade, enquanto o obstáculo da atração gravitacional, uma limitação do universo, é Restrição. A dificuldade leva à Beleza, que por acaso é um dos nomes da *sefirah* central no coração, *Tiferet*-Esplendor.

A dualidade fundamental é encontrada em toda parte: luz e escuridão, movimento e repouso, macho e fêmea, fogo e água, polos positivo e negativo do eletromagnetismo. A "dualidade" é também a dinâmica do criador e da criação. Nesse sentido, Expansividade e Restrição estão intimamente envolvidas na criação do universo. Quando apenas Deus estava presente, quando a Divindade estava totalmente expandida, poderíamos dizer que nenhum mundo era possível. O famoso cabalista rabino Isaac Luria, conhecido como o Ari, explicou que Deus se contraiu, criando no interior da plenitude um espaço oco, que vimos se comparar a *Binah*. Esse foi um ato de Restrição. Deus emanou para o interior desse espaço um raio de luz, conhecido como *Or Ein Sof*, ou

Luz do Infinito. Toda a criação emergiu a partir desse raio — Expansividade novamente.

Por meio da autorrestrição divina, outra realidade se tornou possível: um universo se desdobrando no espaço vago, um mundo que parece ser sustentado por suas próprias leis.[2] Depois da primeira expansão do universo, seus elementos se resfriaram: foram "restritos", e as estrelas puderam se formar. As forças de Expansividade e Restrição estão elegantemente representadas na imagem do sistema solar, em que os planetas circundam o Sol a velocidades enormes. Sua energia seria suficiente para lançá-los no universo, não fosse pelo vínculo da gravidade ou restrição, que os mantém levemente atraídos pelo Sol, criando elipses como rastro.

As religiões têm tido por base o princípio da dualidade, como na batalha da luz contra as trevas e de Deus contra Satã. Yin e Yang são opostos compreendidos como fundamentais ao universo na visão cosmológica chinesa tradicional. Nosso relato bíblico da criação distingue as águas superiores das inferiores, a água da terra seca, a vegetação dos animais, e assim por diante. O Espírito energiza as águas (*Expansividade*). As águas se reúnem (*Restrição*) para que a terra seca possa aparecer. A terra gera o crescimento (*Expansividade*), e cada árvore produz sementes "segundo sua espécie" (*Restrição*).

As tarefas relacionadas a tomar decisões e reconhecer os opostos também são fundamentais ao ser humano. Uma das bênçãos do livro de orações judaico, recitada todas as manhãs, agradece a Deus por sua capacidade em fazer distinções: "Bendito sejas Tu, Eterno, nosso Deus, Rei do Universo, que dá à mente o poder de distinguir o dia da noite". Não é errado fazer distinções; tampouco são maus o que chamamos de opostos. O judaísmo também tem uma bênção específica para a apreciação das distinções, que é recitada no final do sabá, no sábado à noite:

> Bendito sejas Tu, Eterno, nosso Deus, Rei do Universo, que fazes separar o santo do profano, a luz da escuridão, Israel dos demais povos, e o sétimo dia dos seis dias de trabalho. Bendito sejas Tu, Eterno, que separas o santo do profano.

Na verdade, o ato de fazer as distinções apropriadas é uma das maneiras de corrigir o erro original de Adão e Eva. A árvore proibida era a Árvore do Conhecimento do Bem e do Mal. Quando eles comeram do fruto, bem e mal se misturaram e se confundiram no mundo. A tarefa do ser humano é descobrir a diferença entre eles e escolher o bem.

Amor e limitação

Chesed-Expansividade torna possível a existência como a conhecemos. É por isso que essa *sefirah* é tradicionalmente denominada Misericórdia. É a força do dar e do expandir-se em direção a algo, a energia que quer que o "outro" exista e floresça. Expansividade é a origem do conceito de um Criador amoroso, um conceito profundamente enraizado nas religiões ocidentais. A fonte do universo tem o desejo de cumular outra entidade com existência, bondade e bênçãos.

A tradição rabínica diz que a misericórdia de Deus sustenta o universo — se não fosse assim, o mundo não se manteria.[3]

Em nível humano, a mensagem essencial da Torá é a misericórdia de Deus. Em várias orações judaicas e também islâmicas, Ele é chamado de "O Compassivo". A expansividade do amor divino tem sido parte da teologia cristã desde seus primórdios: "Porque Deus amou o mundo"; "O amor jamais acaba" (João 3:16; 1 Coríntios 13:8). Mesmo que as religiões orientais não se concentrem demais no caráter pessoal da divindade, vemos atributos de amor altruísta no Buda, que é por vezes chamado de "O Coração da Compaixão", e nos Bodhisattvas, que desejam libertar todos os seres de sua escravidão ao desejo.

O outro lado da dualidade é *Guevurah*-Restrição. Essa *sefirah* encarna a possibilidade de algo independente poder vir a existir, algo que não dependa inteiramente do seu criador. Se Deus nunca tivesse se contraído, não haveria universo, pois foi a partir da restrição de Deus que este universo pôde se desenvolver. Com a gravidade, ele conseguiu atingir a estabilidade. Em nível humano, restrição é justiça. Os desejos dos seres individuais são restringidos por leis e tribunais para o bem da comunidade maior, que de outro modo se dissiparia no caos.

Compreenda que Restrição é o contrário de Expansividade, mas também que essas duas *sefirot* são polos opostos de um todo. Ambas vêm da unidade do amor. O amor como Expansividade se expressa no apoio total ao ser, dizendo *sim!* a cada movimento de liberdade e de expressão de si mesmo. O amor se identifica com o crescimento, o bem-estar e a alegria, e se coloca por detrás das entidades que agem em prol do bem. O amor dos pais é um bom exemplo disso — pense neles segurando as mãos de seus filhinhos enquanto eles tentam ficar de pé, ajudando-os a se equilibrar. Por outro lado, Restrição também é um ato de amor. Se realmente amarmos os outros, saberemos que não podemos sobrecarregá-los com nossos cuidados, fazendo absolutamente tudo por eles. Com isso, o pai ou a mãe também exercitarão a restrição, ficando na retaguarda e deixando que a criança se esforce para ficar de pé sozinha e para desenvolver sua independência.

Quando as identidades específicas surgem, as condições da vida se transformam. Num universo de seres dotados de diferentes identidades — no mundo não somente da dualidade, mas também da multiplicidade — cada vez que um deles expressa Expansividade, os outros forçosamente precisarão exercer Restrição. Sua autoexpressão é um limite para a minha autoexpressão, e a minha, por sua vez, é uma fronteira para a sua. Fazemos isso por respeito mútuo: eu me restrinjo para não invadir seus limites, e você faz o mesmo. Desejamos que esse equilíbrio e esse respeito operem de maneira harmoniosa, por causa do amor que abrange todos os seres. Viver num mundo assim seria como estar no meio de anjos — e a liturgia judaica diz que cada hoste angélica cede seu lugar a outra para substituí-la no louvor a Deus. Não há cotoveladas e empurrões no céu!

Aqui as coisas não acontecem assim, o que nos leva ao segundo aspecto importante da dualidade de Expansividade e Restrição: em nível prático, um mundo composto de entidades diferentes, únicas e individuais em que não ocorra o sofrimento é impossível. Quando um vulcão expressa Expansividade, o calor e a força que produzem a lava derretida podem causar severas restrições às plantas, animais e seres humanos à sua volta. Analisando com objetividade, a natureza está simplesmente tomando seu rumo natural. No entanto, se levarmos em conta a experiência dos seres afetados, precisaremos reconhecer que eles sentem dor. No momento em que a lava derretida impõe restrições, os animais forçosamente vivenciam a perda de apoio e o bloqueio na plenitude do seu potencial. Essas experiências são possíveis resultados da limitação, de Restrição.

A partir da dualidade interativa e mutuamente inclusiva de Expansividade e Restrição, representada no apoio amoroso e na independência, surge um universo de seres interdependentes, numa amplitude que vai desde partículas subatômicas a seres humanos, forças angélicas e Deus. Porque Ele decidiu criar desse modo e Ele também se encontra em interdependência conosco. Esse fato está por detrás de uma afirmação misteriosa no *Zohar*, que diz que "não há despertar acima até haver um despertar abaixo". O despertar acima é a ação de Deus; o despertar abaixo é a ação humana. Deus depende de nós, e nós Dele. Abraham Heschel, citando a tradição hassídica, afirmou isso de modo explícito: "Deus está carente do homem". Estamos carentes um do outro, das plantas, dos animais e dos minerais. A reciprocidade está construída no interior da estrutura do universo. Expansividade e Restrição são os polos dessa reciprocidade.

Além disso, tem-se referido tradicionalmente à Restrição como punição ou julgamento. Aproveitando uma metáfora da experiência galáctica, é como o fogo consumidor de uma estrela que está morrendo, se transformando num buraco negro e sugando toda matéria para o interior do seu intenso campo gravitacional. Em nível humano, o efeito pode ir de uma confusão e uma solidão avassaladora até o medo da morte. Os cabalistas denominaram essa experiência de caos e pavor. O antigo texto conhecido como *Bahir* conta sobre o atributo de Restrição:

> É o caos. Ele emana do mal e abala as pessoas. E o que é isso? A ele está relacionado o que está escrito, "Então caiu fogo do Senhor, e consumiu o holocausto, e a lenha, e as pedras, e a terra, e ainda lambeu a água que estava no rego" (I Reis 18:38). Também está escrito: "Porque o Senhor teu Deus, é fogo que consome, é Deus zeloso" (Deuteronômio 4:24).[4]

Quando Deus expressa Restrição, algo da força ordenadora do universo é removida, e é por isso que ela é vivenciada como caos.

Alguns teólogos falaram de Restrição como da ausência de Deus. No entanto, como os mestres hassídicos ensinam, não podemos dizer que Ele esteja ausente do mundo. Se Ele realmente tivesse abandonado o relacionamento com o universo, tudo cessaria de existir. Não podemos nem mesmo dizer que Restrição tem a ver com "coisas ruins" que nos acontecem, enquanto Expansividade tem a ver com "coisas boas". Bênçãos ilimitadas também podem ter efeitos negativos. A chuva é uma bênção para as colheitas, mas em demasia — Expansividade demais — também não é benéfica. (As orações judaicas tradicionais por chuva pedem que elas venham "para bênção e não para maldição".) As histórias de pessoas que ganham na loteria e depois descobrem que suas vidas se complicaram demais é outro exemplo. Por outro lado, o que à primeira vista parece negativo pode finalmente se revelar como algo bom.

Temos a tendência de ver os aspectos de Expansividade e Restrição através das lentes do tempo linear, e não por meio do tempo-espaço mais abrangente dos níveis mais superiores. Já que não podemos ver os bons resultados futuros que se originam de algo que vivenciamos como mau, ou o mau futuro de algo que nos parece ótimo, passamos pela vida em constantes altos e baixos. Quase não é preciso mencionar esse fato dentro do contexto cristão, já que essa teologia já esquadrinhou profundamente as possibilidades redentoras do sofrimento. Podemos ver isso, no entanto, em nível individual e coletivo. A escravidão no Egito foi a experiência paradigmática por meio da qual o povo judeu desenvolveu atributos de compaixão e misericórdia. O sofrimento pode levar à transformação: pessoas que perdem membros amados da família muitas vezes tomam providências no sentido de evitar que o mesmo aconteça a outros. A prisão pode ser algo devastador, mas alguns aproveitam essa oportunidade para desenvolver a força interior. Nós normalmente não nos conscientizamos de que as duas dimensões da dualidade sempre estão presentes, pois nunca conseguimos ver o panorama completo. Você se lembra de acontecimentos em sua vida que pensou serem tragédias, quando mais tarde algo melhor surgiu exatamente daquela situação difícil?

A cabala nos oferece uma perspectiva única nesse caso. No âmbito geral, em nível de unificação, a sustentação do universo realizada por Deus é em si mesmo um ato tremendo de amor constante. Esse amor na verdade nunca acaba, nem é interrompido sequer por um momento. No nível inferior em que vivemos, Deus parece estar emitindo julgamento e castigo. O nível inferior dualista é compreendido como o revelado, enquanto a realidade superior unificada é o oculto. O grande cabalista do século XVII, rabino Moshe Chaim Luzzato, os descreve nesses níveis:

> Em todas as maneiras de Deus tratar conosco, podemos pressupor duas dimensões, a revelada e a oculta. A primeira é recompensa e castigo (para o que recebe uma ou outra, bem ou mal). A oculta é o projeto profundo sempre inerente a todos os Seus atos, para guiar a criação à perfeição universal, como nossos sábios afirmaram: "Tudo que é feito pelos Céus é para o bem" (Berachot 60b), e pelo profeta: "Tua ira se desviará de mim e Tu me consolarás" (Isaías 12:1).[5]

A partir desse ponto de vista, o que podemos chamar de mal é a retirada de Deus para um nível mais profundo do oculto.

Um Deus pessoal

No entanto, a ideia de equilibrar bem e mal não nos conta a história toda. No Ocidente, começando com a Bíblia, temos uma longa tradição de um Deus que reage a alguns tipos de atos humanos com uma resposta dura e punitiva, enquanto recompensa outras ações. Os antigos profetas descreveram essa resposta punitiva como a ira ou o zelo de Deus. Seu "fogo consumidor" era uma resposta direta aos pecados humanos. Perto do final de Deuteronômio, o último livro da Torá escrita, essa resposta divina está descrita como o esconder da face divina. "Nesse dia, a minha ira se acenderá contra ele; desampará-lo-ei e dele esconderei o rosto [...] esconderei, pois, certamente o rosto naquele dia, por todo o mal que tiverem feito, pois se voltaram para outros deuses" (Deuteronômio 31:17-8). O favor divino era uma resposta direta ao arrependimento e às boas ações.

Frequentemente as pessoas têm interpretado histórias sobre o castigo divino como se Deus tivesse uma personalidade irada. É importante reconhecer que a Bíblia usa várias expressões antropomórficas, tanto físicas quanto psicológicas, para ilustrar como os atos e sentimentos de Deus são semelhantes aos dos humanos. O judaísmo sempre insistiu na compreensão de Deus de modo pessoal, o que *não* significa que cada vez que algo de ruim acontece, Deus esteja punindo alguém. Em vez disso, temos duas perspectivas sobre Deus e sobre a ação divina no mundo: uma, mais impessoal, como a descrita acima ao discutirmos o relacionamento entre *Chesed* e *Guevurah* cósmicas, e outra, mais pessoal, que as histórias bíblicas frequentemente retratam em termos de amor e de castigo divino.

A pergunta é: Como as duas perspectivas podem ser reconciliadas?

Os sábios nos contam que a própria Torá mostra dois modos diferentes da manifestação de Deus em nosso mundo. Dois nomes são frequentemente usados para Ele na Bíblia — o nome Y-H-V-H (o *Tetragramaton*, muitas vezes escrito pelos eruditos como "Yahweh"), que não pode ser pronunciado, mas que é normalmente substituído por *Adonai*, e o nome *Elohim*. Esses nomes são normalmente traduzidos nas Bíblias em nosso idioma como Senhor e Deus, respectivamente. Senhor é o aspecto pessoal de Deus, que intervém na história da nossa vida, enquanto Deus é Deus manifestado na natureza e na lei, equilibrando tudo com sua justiça cósmica. Y-H-V-H é Expansividade, Deus é Restrição.

Quando nos dirigimos a Deus de modo pessoal, evocamos o aspecto do Divino que emana misericórdia e benignidade. Sem esse aspecto pessoal, o mundo se transformaria num inferno vazio, um objeto mecânico funcionando de acordo com as leis da natureza. Nossa vida estaria sujeita a algum tipo automático de karma, no qual os frutos de nossos atos nos seriam muito pesados e nosso progresso muito difícil. O judaísmo tem um conceito semelhante ao do karma, na metáfora das balanças, nas quais os atos de cada um são pesados todos os anos em Rosh Hashanah (o ano-novo judaico). No entanto, o judaísmo também insiste em que podemos pedir perdão e apagar totalmente nossa culpa por causa da misericórdia de Deus. O equilíbrio natural de Expansividade e Restrição poderia levar a um tipo qualquer de estabilidade, mas o Criador divino quer mais do que apenas isso. Ao acrescentar uma medida adicional de amor e misericórdia, Deus se assegura de que a balança caia para o lado do bem.

Essa abordagem tem algumas implicações interessantes. Se Deus tem experiências e sentimentos, será que é verdade que, como diziam os filósofos medievais, Ele nunca muda? (Nas filosofias da Idade Média, herdadas dos filósofos gregos antigos Platão e Aristóteles, a mudança era associada à forma física e à suas imperfeições. Deus, sendo incorpóreo, não deve mudar.) Segundo a visão bíblica, parece que Deus não é uma entidade objetiva nem uma mente cósmica impenetrável; em vez disso, Ele reage — Deus tem uma vida interior, e podemos interpretar essa vida em termos análogos à nossa, como triste, satisfeito, arrependido, irado, e, é claro, amoroso. A "ira" de Deus, então, é o modo como a Bíblia fala da experiência humana do que chamamos de Restrição, enquanto o "amor" de Deus é o modo como ela descreve o que denominamos Expansividade. Ambas são Deus. São os dois lados da mesma moeda, assim como, na física, onda e partícula são duas formas nas quais a luz pode ser percebida e descrita.

A Cabala nos estimula a pensar no relacionamento de Deus conosco em termos humanos. Os termos *Pai* e *Mãe* para duas das *sefirot* são um exemplo disso. Outro ainda é a descrição do relacionamento de Deus com o povo judeu como semelhante ao de um marido e uma esposa. Os místicos ainda falam de um aspecto de Deus — a *Shechinah*, a presença divina feminina (*Malchut*-Manifestação) — que está "exilada" entre nós, sendo que exílio é a condição na qual vivenciamos a separação de Deus. Podemos imaginá-Lo experimentando a esfera de atividade humana como uma parte caótica e até mesmo dolorosa do universo criado por Ele.

Isso nos leva a outra implicação: na verdade, o fato de Deus ter construído no interior da estrutura do universo ferramentas para colocarmos em ação o positivo e restringirmos o negativo. Os seres humanos têm a responsabilidade de agir de maneira a aprimorar seu lado relacionado ao amor e à solidariedade. Quando a Bíblia promete recompensas para certos atos, como, por exemplo, honrar os pais, está prescrevendo tipos de comportamento que evocam respostas positivas na consciência divina. Deus reagirá a nós do mesmo modo que reagirmos uns aos outros. Quando causamos sofrimento ao nosso próximo, Deus pode responder ocultando Sua face, como um modo de nos estimular a invocar o Seu amor novamente. Os escritores antigos compreenderam esse relacionamento, mesmo que suas metáforas não fossem as mesmas que as nossas; para os judeus da Antiguidade e Seus porta-vozes, a experiência da proximidade com Deus era muito intensa, e a de Sua distância era sentida na forma de pragas e fogo. Eles compreenderam que Deus se manifesta quando negligenciamos seres humanos que são nossos próximos e quando deixamos de lado nossa vida espiritual.

Um dos grandes mestres do século XX, Abraham Joshua Heschel, escreveu dessa maneira sobre o Holocausto. Vale a pena refletir em suas palavras e considerar como tornamos Deus objetivo e distante:

> Sua voz gritou no deserto ao longo dos séculos. Com que destreza ela foi aprisionada no interior dos templos!

> Com que frequência ela foi afogada e distorcida! Agora vemos como ela gradualmente se retira, abandonando povo após povo, partindo de suas almas, desprezando sua sabedoria. O amor ao bem praticamente se foi da terra. Os homens colhem rancor e crueldade, malícia e atrocidade [...].
>
> "Onde está Deus? Por que Tu não fizeste estancar os trens repletos de judeus levados ao matadouro?" [...] Na verdade, onde estávamos nós quando aprendemos a odiar nos dias de fome? Quando loucos varridos plantavam a cólera no coração dos desempregados? [...]
>
> Nosso mundo não parece muito diferente de um poço cheio de cobras. Não afundamos nesse poço em 1939 e nem mesmo em 1933. Já tínhamos descido a ele há várias gerações, e as cobras lançaram seu veneno na corrente sanguínea da humanidade [...].
>
> Deus voltará para nós quando estivermos dispostos a deixá-Lo entrar.[6]

Quando abandonamos nosso propósito divino, provavelmente sofremos as consequências. *Guevurah*-Restrição significa que Deus está criando espaço para a liberdade humana, mas, que, se a usarmos de maneira errada, Ele se torna ainda mais restrito. E, em nível de mundo revelado, os resultados são amargos, como Heschel sugeriu.

Ainda assim, devemos nos lembrar também de que nem todo sofrimento é resultado de um relacionamento falho com Deus. Os vírus têm instinto de sobrevivência, mesmo à custa de seus hóspedes humanos. Esses últimos e suas máquinas cometem erros. Acima de tudo, nunca deveríamos sugerir aos outros que sua dor e sofrimento são castigo divino. Pode ser uma boa coisa nos perguntarmos se o desalinhamento com o propósito divino está tornando nossos problemas maiores. *Guevurah*-Restrição nos pede que busquemos com toda humildade (que não significa se rebaixar, nem exercer excesso de autocrítica) um relacionamento mais profundo com Deus.

Visão e propósito maior: *Tiferet*-Esplendor

Todas as nossas perguntas sobre a dor e o sofrimento são por si só uma pista para o próximo nível, a *sefirah Tiferet*-Esplendor. Nossas perguntas surgem de nosso sentido espiritual de propósito, nossa profunda fé de que as coisas precisam fazer sentido, e nossa visão de ideais que poderiam se concretizar. O mais incrível em relação à espécie humana é que, apesar de todos os sofrimentos aparentemente sem sentido, a maioria das pessoas ainda acredita num propósito maior para a vida. Isso acontece porque possuímos a energia de Esplendor. Vemos padrões, crescimento e desenvolvimento. Esses padrões são apenas um reflexo turvo do modelo brilhante do mundo da unidade, mas eles nos dão esperança. O recipiente dessa esperança cristaliza nosso propósito de organização, e as energias humanas se arrumam em torno dele como limalha em volta de um ímã.

A *sefirah* Esplendor representa o surgimento do propósito consciente. Apesar da existência de propósito em todos os níveis da criação, ele não é totalmente consciente até essa criação chegar ao primeiro ser humano. No relato bíblico, as dualidades se alternam: luz e escuridão, água e terra seca,

Sol e Lua, plantas e árvores, pássaros do ar e peixes do mar, e, finalmente, no sexto dia, animais e humanidade. Apenas nesse momento Deus diz que a criação é "à Sua imagem" (Gênesis 1:27), e apenas aqui o sopro divino penetra na criatura (Gênesis 2:3). A imagem significa a possibilidade de semelhança: Assim como Deus tem um propósito, agora um ser que pode incorporar esse propósito faz parte da criação. O sopro é como o espírito, uma força que pairava sobre as águas do caos para começar a dar-lhe forma. Antes de tudo, assim como Deus é um, esse ser humano é um — sem dualidade e divisão.

Como vimos antes, a primeira pessoa, Adão, contém o masculino e o feminino e é a imagem perfeita do Deus Criador. Além disso, assim como a metáfora do rei é usada para Deus, foi dado a Adão "domínio" sobre a Terra. Com o surgimento de Adão, o propósito pôde ser revelado. Um rei pode ter a perspectiva sobre o reino inteiro e reinar com base nessa grande amplitude de percepção. A humanidade, embaixadora de Deus na Terra, podia levar adiante o projeto de Deus: revelar o que Ele pretendia, mas que até o momento estivera oculto. Um dos mestres hassídicos o formulou do seguinte modo: "O homem é um microcosmo, um universo em miniatura, uma estrutura completa".[7] Semelhantemente, o filósofo David Ray Griffin afirma: "O ser humano incorpora todos os níveis de partículas subatômicas em sua própria mente consciente".[8] Já que Deus colocou todos os poderes criados no interior do ser humano, apenas essa espécie poderia executar a vontade divina de maneira completa.

A ideia do domínio humano se tornou suspeita recentemente porque nos tornamos mais conscientes de como esse domínio sobre o mundo levou à corrupção e à destruição o que antes era um verdadeiro paraíso. Em menos de duzentos anos desde o começo da Revolução Industrial, transformamos a face do único planeta em que a vida se desenvolveu em formas extraordinariamente diversas, belas e inteligentes em outra, na qual milhares de espécies, assim como a própria qualidade da vida, estão sendo ameaçadas por nossa química e concreto. Pessoas preocupadas com a saúde da Terra têm se questionado se a existência humana deveria receber o valor proeminente que a tradição bíblica deu a ela; talvez tenhamos falhado em nosso direito ao domínio.

Devemos reconhecer a força dessa crítica. A própria tradição bíblica afirma que os seres humanos começaram a corromper a Terra há muito tempo atrás, na "geração do dilúvio", e na "geração da dispersão" (que construiu a Torre de Babel). Deus declarou, depois de ter salvado Noé e sua família do dilúvio, que "é mau o desígnio do homem desde sua mocidade" (Gênesis 8:21). Mas Ele não perdeu a esperança na humanidade e continuou a responder aos que buscavam viver de modo mais espiritual e verdadeiro, desde Abraão e Sara até o presente. A tarefa dos seres humanos hoje é viver à altura de ideais superiores e buscar continuamente uma visão mais superior e inclusiva: a perspectiva de um rei salvando seu reino, em vez de um ponto de vista estreito e egocêntrico.

A ênfase nos poderes visionários dos seres humanos vem de um *midrash* antigo, que diz que Adão podia "ver de um lado ao outro do mundo". Ele é comparado às luzes do céu, "para iluminar a terra" (Gênesis 1:15). Em outras palavras, Adão, masculino-e-feminino, tinha uma visão completa da obra divina e do seu propósito final. Ele foi então dividido em seres sexuados que expressam no próprio corpo (mas não o mesmo tipo de corpo que temos agora, como nos conta a cabala) a dualidade inerente a esse nível da criação. Quando esses dois seres foram expulsos do Jardim, sua visão holística foi perdida.

No entanto, nós ainda usamos a palavra *visão* para expressar a consciência de um propósito mais elevado. A pessoa que pode ver possibilidades maravilhosas ainda não concretizadas é chamada de visionária. Mesmo nossa concepção do universo como um organismo magnífico em desenvolvimento depende da visão de seres humanos, ampliada por instrumentos científicos que revelam bilhões de anos de espaço-tempo ou minúcias de estruturas genéticas moleculares. Os humanos sempre procuraram expandir sua capacidade de ver o propósito das coisas, buscando a sabedoria dos astrólogos antigos, que tentaram discernir significados nos movimentos das estrelas, ou o discurso de profetas e oráculos. Hoje, o assunto cosmologia (literalmente, conhecimento de todo o cosmos) é uma área interessantíssima para físicos e matemáticos, bem como para filósofos e teólogos, novamente em busca de uma visão completa.

Tiferet-Esplendor é a *sefirah* da visão, do propósito e da capacidade de organização em alto nível, à luz desse propósito. Seu nome sugere o esplendor e a magnificência da criatura que possui a visão do propósito da criação. Essa *sefirah* também é chamada de Verdade, porque é o local em que a percepção humana pode se encontrar com a revelação divina.

Essas referências simbólicas revelam a honra e o esplendor dados aos seres humanos que se identificam com os propósitos maiores de Deus na Terra. Essa também é nossa tarefa. No entanto, esse alto lugar na hierarquia da criação também significa que o destino desse mundo está em nossas mãos. Nós também devemos nos assegurar de que todos os degraus da escada estejam em seus lugares e de que nosso vínculo com o modelo celeste seja firme, de modo que possamos viver uma vida verdadeiramente boa na Terra.

A conexão do coração

O que faz com que os seres humanos, entre todos os animais, sejam os portadores da visão? Como podemos adquirir o potencial de fazer as escolhas certas, de energizar o que sustentará e ampliará o melhor da vida? A cabala ensina que é o coração humano.

No diagrama das *sefirot*, Esplendor, no centro do torso superior, normalmente está associada ao coração e corresponde ao chakra do coração nas tradições ligadas ao yoga. Também é um centro para o interior do qual todas as *sefirot* superiores fluem e do qual as inferiores emanam. Além disso, na cabala tradicional, esse centro do coração está diretamente ligado à *sefirah* mais superior, Coroa, que aponta para a alma essencial. Isso nos mostra que o coração pode se tornar a expressão direta da alma. Em nível individual, ele pode transbordar de emoção profunda para o interior das *sefirot* imediatamente abaixo dele, até se expressar na personalidade humana e energizar o comportamento do cotidiano. Em nível coletivo, a paixão humana, corretamente direcionada, pode transformar o mundo.

Por paixão, no entanto, eu não entendo emoções. A cabala ensina que nossas emoções normais são uma função do torso inferior. O coração sustenta um nível mais alto: uma paixão transbordante pelo significativo, algo suficientemente grande para motivar a vida inteira de uma pessoa. Edmund Hillary, que ansiava por conquistar o Monte Everest, e Madre Teresa, que foi levada a confortar os pobres e os doentes, são exemplos heroicos da história. Outro exemplo é o da filha de um dos meus amigos, cujo amor pelos animais a levou a se tornar voluntária da SPCA, onde passa seu tempo acariciando animais de estimação que sofreram maus-tratos e abandono. E meu aluno na universidade, cuja paixão por futebol o tomou de modo tão profundo que fez com que não fosse aprovado em minha matéria.

Ainda assim, até mesmo esses exemplos da *sefirah* Esplendor, nossas paixões e motivações mais poderosas, são apenas sugestões da visão maior: o propósito final para o qual tudo foi criado. No coração também está nossa compreensão mais profunda; como vimos antes, *Binah*-Entendimento reside no lado direito do coração e também no cérebro. Nossos pensamentos profundos têm origem no coração, e é por isso que, quando a Bíblia quer expressar uma ideia importante que se forma na mente de Deus ou de alguma pessoa, usa a expressão: "Ele disse em seu coração".

O rabino Nachman nos fornece uma bela parábola sobre o coração numa das parábolas incluídas em sua história em vários níveis "Os Sete Mendigos":

> Há uma montanha. No cume dessa montanha, há uma pedra. Dela, emana uma Fonte.
>
> Tudo tem um coração. Por isso, o mundo como um todo também tem um coração [...].
>
> A montanha com a pedra e a Fonte está numa extremidade do mundo. O Coração do Mundo está de frente para a Fonte e constantemente deseja e anseia ir até ela. Ele tem um desejo muito, muito grande, e grita muito alto que deveria ser capaz de ir até a Fonte. Ela também deseja que ele venha.
>
> O Coração tem duas coisas que o enfraquecem. Primeiro, o sol, que o persegue e queima. A segunda coisa que enfraquece o Coração é o grande desejo e anseio que ele tem constantemente pela Fonte. Ele deseja e anseia tanto, que sua alma sai dele e grita.
>
> Quando ele quer descansar um pouco e recuperar o fôlego, um grande pássaro vem e abre suas asas sobre ele, protegendo-o do sol. Ele pode então relaxar um pouco. No entanto, mesmo enquanto descansa, olha em direção à Fonte e a deseja.
>
> Pode-se questionar que, já que ele anseia tanto por ela, por que não vai em sua direção? No entanto, se ele se aproximasse da montanha, não mais veria seu cume. Então não poderia olhar para a Fonte, e se ele parasse de olhar para a Fonte, morreria, já que sua principal fonte de vida é ela [...].

> Se o Coração morresse, então o mundo inteiro cessaria de existir. O Coração é a força vital de todas as coisas, e nada pode existir sem um coração.[9]

A fonte é a emanação do Divino, representada pela *sefirah* Sabedoria. O Coração, Esplendor, tem dois aspectos, e ambos tomam sua energia, seu desejo pela Fonte e os efeitos do sol. O desejo é o aspecto do coração ligado à *sefirah* Entendimento — a mãe — que anseia por Sabedoria — o pai. Também é o desejo indescritível da alma humana por Deus.

O aspecto do sol em Esplendor é o impulso da consciência desperta: a vida debaixo do sol, por assim dizer, com todas as suas tarefas diárias, necessidades físicas e desejos materiais. Este é o mundo em que todos nós vivemos. Por meio da energia de Esplendor, somos portadores do sentido de propósito que exige que assumamos a responsabilidade por este mundo. No entanto, essa responsabilidade cobra seu preço ao Coração. O rabino Nachman nos diz que o coração humano está dividido entre o anseio por Deus de um lado e o impulso da responsabilidade e da receptividade em relação ao mundo do outro. Apesar disso, é exatamente nessa tensão que devemos viver. Se o Coração tentasse ir até a Fonte, não seria mais capaz de "ver o cume da montanha" e de "olhar para a Fonte". O Coração perderia sua capacidade visionária, seu sentido de propósito pela vida e morreria.

Por outro lado, o Coração se exaure com o mundo em que vive. Viver debaixo do sol é seu verdadeiro propósito, mas ele precisa do "grande pássaro" para dar-lhe alívio. Os comentários hassídicos explicam que as asas do pássaro são como os pulmões dos dois lados do coração humano. Segundo o rabino Nachman, o coração produz um calor interno tal (como um Sol) que os pulmões devem ficar exatamente ao seu lado para refrescá-lo com seu sopro. O coração é nutrido pelo sopro.

No Desenrolar da Criação, Adão-Humanidade representa o Coração do Mundo, posicionado em Esplendor entre as *sefirot*. Com sua ligação com Entendimento, o coração humano anseia por um mundo superior, mas ao mesmo tempo sabe que pode apenas fitar esse mundo. Fitar é uma palavra-código nos escritos hassídicos para meditar, e nos lembra aqui da renovação de nossa conexão com o modelo básico da existência. A meditação e a contemplação da visão regeneram a paixão de que o Coração precisa para continuar batendo, mantendo o fluxo de vida.

No entanto, o Coração do Mundo não bate para si mesmo, mas para o mundo como um todo. Na verdade, está tão conectado a ele que pode ser atraído demais por ele e "queimado" por seus desejos, como veremos no próximo capítulo. Ainda assim, o Coração precisa bater, e os humanos precisam trabalhar em prol do bem no mundo inteiro. Para ter alívio do seu trabalho, os pulmões fornecem sombra e frescor, o que significa não somente fazermos uso de práticas espirituais como respiração e meditação, recomendadas pelo rabino Nachman, mas também nos vermos no interior de um sistema magnífico de reciprocidade, representado pelos pulmões, que trocam o dióxido de carbono pelo oxigênio a cada instante. Quando reconhecemos nosso lugar na história do cosmos, a grandeza da criação de Deus e a multidão de detalhes que sustentam nossa vida, como, por exemplo, a maravilhosa mecânica da respiração, podemos apreciar mais plenamente a honra profunda que nos foi concedida: a de manter a vida nesse planeta em retribuição. É disso que precisamos para nos tornar verdadeiramente uma manifestação da beleza e do esplendor.

5

A concretização divina

Contemple as maravilhas da criação, a dimensão Divina de sua existência, não como uma configuração turva apresentada a você a distância, mas como uma realidade na qual você vive.

— Rabino Abraham Isaac Kook, *Lights of Holiness*

Tomando posse da força vital: *Netzach*-Perseverança e *Hod*-Entrega

O nível de *Tiferet*-Esplendor tem o potencial de refletir a divindade neste mundo. Do ponto de vista cabalístico da Árvore da Vida, da *sefirah* Esplendor para cima, os humanos interagem com Deus e com outras forças superiores à humanidade. De Esplendor para baixo, eles tentam orientar o mundo como embaixadores de Deus, entrelaçando a vontade humana e a divina. Por causa do potencial humano de cocriar, cada geração tem a tarefa de manter e cuidar do mundo. Concedendo bondade a toda a criação, a humanidade pode realmente imitar Deus.

Essa tarefa requer que tomemos posse das energias de *Netzach*-Perseverança e *Hod*-Entrega. Essas são as *sefirot* da força vital, as energias da sobrevivência e da procriação. Elas se manifestam como desejo por comida, por sexo e por meios que assegurem essas necessidades, incluindo poder e riqueza. Também fluem paralelamente a *Chesed*-Expansividade e *Guevurah*-Restrição como dualidade básica.

A energia expansiva é chamada de Perseverança, correspondendo a Expansividade. Em nível de civilização humana, ela se torna o impulso da realização e da continuidade, imitando a expansividade divina. Sua energia aparece no impulso que a vida tem de surgir em todo lugar: plantinhas que brotam entre pedras no deserto, pinguins que se adaptam ao clima gélido da Antártida. No ser humano, a perseverança é simbolizada pelo desejo de viver e de se expressar em relação ao meio ambiente. Alguns chamaram isso de dominação, por sua ênfase na expressão expansiva de si mesmo. Vemos a Perseverança no desejo de deixar nossa marca no mundo, de deixar um rastro de memoriais e monumentos comprovando a nossa existência. Nossa tendência é nos apaixonar por nossas próprias criações, como na história de Pigmalião, em que um escultor criou a forma de uma linda mulher e se apaixonou por sua própria estátua. Esse é o lado negativo da Perseverança. Pode se tornar exploradora ou manipuladora, mas devemos também nos lembrar de que normalmente contém qualidades inerentes de amor e boa vontade, porque fica do mesmo lado de Expansividade.

Em seres individuais, Perseverança também é expressa na força física, no modo como os órgãos e músculos do corpo reagem à vontade de alguém e aplicam esforço para obedecerem a seus desejos.

Sua *sefirah* companheira, Entrega, é paralela à energia de Restrição, agora expressada como a inclinação a ceder e a se retirar. À medida que os organismos complexos se desenvolvem, a especialização das células também significa que cada um de seus tipos está desejando se tornar dependente de outros. A simbiose das plantas manifesta a capacidade da vida em ceder e compartilhar recursos. Tanto no mundo animal como no vegetal, cada espécie é capaz de reagir à presença de outras no mesmo ambiente.

No ser humano, *Hod* tem muitas dimensões. Em relação a Deus e à coletividade maior, ela se expressa como o impulso ao sacrifício, imitando a contração divina que "sacrifica" o espaço para criar um mundo. Como já foi mencionado, em nossos relatos mais antigos, como os de Caim e Abel e Noé, e nos níveis mais antigos da civilização, encontramos a prática profunda do sacrifício do que se tem de mais valioso para o Divino.[1] *Hod*-Entrega também inclui o desejo de nos sacrificar pelo todo maior, como no martírio ou na guerra.

No indivíduo, Entrega representa a capacidade de ceder ou de dar um passo atrás, eliminando nosso ego da situação. Ela se relaciona à capacidade de sentir interiormente e de processar esse sentimento para avaliar como as coisas se ajustam. Entrega também nos capacita a acessar informações indisponíveis à consciência normal, como quando nossas células "se lembram" de um ferimento, replicando tecido cicatricial. Em suas formações mais negativas, porém, essa *sefirah* pode se expressar como negatividade, sentimentos de vitimização ou retraimento da interação criativa com o mundo.

Muito do belo e surpreendente surge dessas energias poderosas de Perseverança e Entrega, pois os seres humanos são inerentemente criativos. Famílias se transformam em clãs, tribos, sociedades e civilizações. Profetas e videntes produzem ricas visões que guiam cerimônias ritualísticas, danças e artes marciais, assim como música e artes visuais. Tecnólogos inventam instrumentos que tornam a vida mais confortável e que aprofundam nossa experiência da criação: fogueira, fornalha, martelo e bigorna, bronze moldado; pedras polidas, escavadas, joias e ornamentos; potes de barro, porcelana, vidro e cristal. O esforço cooperativo da humanidade a leva realmente ao domínio sobre a natureza.

No entanto, os seres humanos podem se tornar profundamente apegados a essas criações, em vez de usá-las para honrar a Deus e ao processo criativo maior. A civilização humana é o relato sobre como a iniciativa de construir um mundo de beleza se transformou principalmente na de ajuntar bens materiais, fama, progênie, esposas, sexo, comida e dinheiro. Os cristãos denominam essa tendência pecado do orgulho. Os budistas, desejo ignorante. Os judeus, inclinação para o mal, ou desejo mal direcionado. Mesmo as reconstruções seculares da pré-história humana apontam para uma crise no momento em que as sociedades extrativistas se transformaram em agricultoras, inventando a guerra, o império e mais tarde o racismo, o nacionalismo e até mesmo o genocídio.[2]

Por quê? Todas essas interpretações têm em comum o fato de que de algum modo, na psique humana, surgiram ansiedade e medo: medo de não ser suficientemente bom ou de não possuir o suficiente. A insegurança parece inerente à psique humana, e seus reflexos sombrios são grandiosidade e ganância. A história do Éden nos fala da serpente que atraiu seres humanos com a ideia de serem iguais a Deus: eles sentiram que precisavam obter mais poder, mesmo já tendo sido criados à Sua imagem. Os filósofos existencialistas de meados do século XX captaram um pouco da profundidade do medo humano ao denominá-lo "ansiedade ontológica" — o medo de não ser. Os psicólogos já sugeriram algumas vezes que a ansiedade vem da própria experiência da independência, como o medo da perda do amor paterno e materno.

Qualquer que seja a origem do problema, a energia natural relacionada à sobrevivência, ou instinto, se entremeou ao que mais tarde a psicologia chamaria de ego. As produções materiais ou contrações se transformaram em riqueza, força física e vitalidade em poder, e a interação íntima entre homem e mulher se tornou meramente sexo ou casamentos arranjados por motivos políticos ou financeiros. Para enfrentar a dúvida, os seres humanos buscaram apoio no mundo exterior. A identidade grupal se tornou uma forte fonte de segurança, preenchendo um vazio interior. A ênfase na identidade individual no interior do grupo nutria a exclusividade e a fragmentação na sociedade humana, até que finalmente o medo passou a mover o mundo no lugar do amor. Perseverança e Entrega, as energias criativas à nossa disposição imediata, se tornaram o lócus de um novo problema que não era o problema geral da dor num mundo de dualidade, mas o modo como os seres humanos criam seu próprio sofrimento.

As energias das *sefirot* do torso inferior, criadas para a aplicação concreta e prática do amor divino e da disciplina divina por meio dos recursos da sobrevivência e da procriação, se corromperam e foram alistadas a serviço do que alguns místicos judeus chamam de "alma animal". Movida, sobretudo pelos instintos animais de sobrevivência e defesa, a alma animal luta contra a alma divina, que busca viver de acordo com uma visão superior. Essa interpretação é um modo de nos mostrar como nossos desejos egoístas têm sido poderosos. Voltando ao presente, Perseverança e Entrega no âmbito humano ainda estão cedendo terreno para processos competitivos e, finalmente, autodestrutivos. Na cultura ocidental, que agora influencia o mundo inteiro, Perseverança se tornou predominantemente uma característica masculina, e Entrega, feminina. Em vez de constituir um fluxo complacente de troca entre céu e Terra, subindo e descendo por todo um conjunto das *sefirot*, a energia humana gira em torno dela mesma. Toda a Terra, e, segundo a cabala, os céus também, sofre de um medo narcisista, que interrompe nossa conexão com a visão divina.

Uma nova unificação é necessária. Não somente precisamos manter nossa visão, também mantendo *Tiferet*-Esplendor ligada aos mundos superiores, mas também devemos administrar este mundo de acordo com essa visão. As *sefirot* Perseverança e Entrega têm a tendência de se isolarem de sua fonte divina, tornando-se materialistas, orgulhosas e egocêntricas. É como se a serpente tivesse vencido neste ponto: agora os humanos pensam que são como deuses. Essas energias precisam ser organizadas por meio da *sefirah* denominada *Yesod*-Fundamento, de modo a mantermos aberta a conexão com os níveis superiores.

Linhagem, história, *karma*: *Yesod*-Fundamento

Yesod-Fundamento é normalmente retratada como a *sefirah* da reprodução ou, mais amplamente, da capacidade geradora e da transmissão. No vasto mundo animal e vegetal, o processo mediante o qual isso ocorre é, sobretudo, genético. O impulso das espécies de viver e de expandir seu alcance (Perseverança) se une à necessidade de se retrair e de reagir aos outros (Entrega), criando um ecossistema. Esse, por sua vez, estimula o desenvolvimento de novas formas de vida. No interior de cada uma delas, há estratégias eficazes para que, com o tempo, se transformem num grupo genético, o "fundamento" do futuro. No âmbito humano, Fundamento é representada pelos órgãos genitais e pelo ventre.

No entanto, a ideia de transmissão deve abarcar muito mais do que apenas a sexualidade e a genética. Os seres humanos transmitem informações de suas famílias e de toda a sua linhagem, da sociedade e da cultura. Fundamento é o local em que toda essa coletividade vivenciada é fundida e passada à geração seguinte. Como o canal vaginal, ele canaliza numa forma especifica e individual a multidão de experiências acumuladas por qualquer sociedade. Essencialmente, é o atributo divino da memória. Em algumas fontes cabalistas, Fundamento é denominada Tudo, representando sua abrangência.[3]

Já que nossa herança familiar e cultural nos está disponível por meio de Fundamento, podemos acessar o mérito da justiça de nossos antepassados. O judaísmo afirma que Deus dá ao bem um peso maior do que ao mal: "Deus guarda a misericórdia em mil gerações" (Êxodo 34:6-7). Outras tradições, como o budismo e o cristianismo, também falam de um estoque de méritos acumulados pelos atos grandiosos das figuras do passado. Nós nos colocamos, como têm dito os rabinos, "nos ombros de gigantes". As orações judaicas incluem diariamente agradecimentos a Deus, "que recorda os atos de devoção de nossos ancestrais, e que traz um redentor aos filhos de seus filhos".

Lembrar-se também significa reunir pedaços quebrados. A memória divina infunde a *sefirah* Fundamento, porque Deus reúne os pedaços e mantém para nós a memória da bondade do passado. *Yesod*-Fundamento, com isso, nos capacita a trazer a essa vida o domínio de muitos atributos positivos, a partir de tudo que já foi aprendido e realizado no passado.

Reescrevendo o passado

Todos os seres humanos manifestam a *sefirah* Fundamento quando transmitem uma herança, seja para a geração seguinte, seja para seus contemporâneos. Fazemos isso em ritos de iniciação na presente geração, mas também em histórias informais que contamos sobre nossos ancestrais e nosso passado. Os ritos de transmissão começam na infância, com a instrução, e continuam ao longo de toda transição na idade adulta. Essas histórias e cerimônias são literalmente o "fundamento" de um mundo que está prestes a nascer a cada nova geração. Elas expressam tanto a centelha criativa, que é o nosso senso de identidade, quanto nossa cooperação com os outros, nossa sensação de fazer parte de um todo maior criado pelo coletivo, o trabalho recíproco de Perseverança e Entrega.

Hoje em dia, pela primeira vez, o mundo inteiro pode ouvir as histórias que contamos. Algo novo pode surgir por meio da comunicação em massa internacional e da enorme interação de pessoas de países e tradições diferentes. No entanto, o que acontece mais frequentemente é voltarmos aos arquétipos do domínio. Numa época multicultural, o símbolo internacional mais comum parece ser o do super-herói que vence os extraterrestres de algum tipo. Será que não deveríamos em vez disso ensinar que nenhum ser consciente é estranho a nós? Além disso, os canais públicos da tradição têm sido quase sempre criados e mantidos exclusivamente por homens. Com certeza devemos insistir para que as perspectivas femininas sejam incluídas, tanto pública quanto particularmente, quando formularmos nossos ensinamentos para a próxima geração.

Sobretudo, a herança que passamos adiante por meio de Fundamento deve ser inclusiva e vinculada ao todo. Deve estar ligada à visão profética, que toma a história e a forja de acordo com uma visão do futuro. Essa é a centelha que vivifica a continuidade da tradição e da sociedade e a renovação do passado. Algumas tradições, especialmente a hindu e a budista, colocam grande ênfase no que chamam de "transmissão direta". Apesar de o judaísmo afirmar que o estudo no contexto familiar e comunitário é o meio válido para a transmissão da Torá, essa imagem é útil para comunicar o espírito que precisa impregnar a aprendizagem e a comunidade. A corrente direta que flui da *sefirah* Coroa e passa por Fundamento é o meio pelo qual as energias que circulam através do nosso mundo social são purificadas e refinadas à luz de uma visão superior.

Na tradição judaica, a visão profética e a história estão intimamente relacionadas. Os livros históricos da Bíblia, como Josué, Juízes, Samuel e Reis, fazem parte da coleção dos profetas, assim como Amós, Oseias, Isaías e Jeremias. Tanto história como profecia dizem respeito à capacidade de ver o panorama geral dos processos que acontecem na estrutura temporal. O profeta é nutrido pelo fato de seu coração estar ligado ao ideal, "fitando a Fonte", para usar a metáfora do rabino Nachman. Ainda assim, há uma diferença entre o que acontece no triângulo superior, em torno de *Tiferet*-Esplendor, e o que ocorre no triângulo inferior, concentrado em *Yesod*-Fundamento. Enquanto a energia do coração se caracteriza pelo desejo, a do torso inferior é realizadora e esclarecedora. Seus guardiões são os rins, cuja tarefa principal é refinar. Refinarmo-nos significa vermos com olhos diferentes não somente nossa sociedade atual, mas também nossas tradições, remanescentes das visões das gerações anteriores.

Às vezes, nossa sensação de desconforto em relação ao passado faz com que desejemos jogar fora símbolos, práticas e crenças com as quais discordamos no momento. Não estou sugerindo aqui esse tipo de purificação. O que deve ser refinado, para que o amor do coração e a visão dos profetas seja passada à próxima geração, é o resíduo das emoções coletivas, especialmente as negativas, como medo, ressentimento, humilhação e desejo de dominação e vingança. No Capítulo 7, aprenderemos maneiras de lidar com essas emoções em nível individual. Coletivamente, porém, devemos reconhecer que elas formam estruturas simbólicas por meio das quais normalmente interpretamos tudo. Todas as nossas religiões, por mais elevadas e criativas que sejam suas visões, também são maculadas por resíduos de feridas antigas.

No Capítulo 2 eu falei sobre limpar o sedimento de uma lamparina de vidro. Aqui, esse processo é mais intenso do que em qualquer outro momento. À medida que nos tornamos mais articulados em relação ao que desejamos, à medida que nosso olhar para o futuro e em direção a nosso ideal se torna mais claro, trabalhamos ainda mais assiduamente para examinar e refinar nossos conceitos do passado, o que significa nos redefinirmos.

A história mostra que os seres humanos fazem essa redefinição continuamente. Quando um país passa por uma revolução política e um novo governo assume o poder, subitamente seus heróis mudam. Quando a Revolução Russa derrubou os czares, os nomes das cidades foram mudados e as estátuas de heróis revolucionários substituíram os retratos de imperadores; até mesmo os livros sobre história foram reescritos. Do mesmo modo, quando decidimos nos candidatar a algum tipo diferente de trabalho, reescrevemos nosso currículo para enfatizar experiências e bases diferentes. Refazemos nosso passado, incluindo todos os componentes do conceito que temos de nós mesmos, à luz de uma nova visão do futuro. Isso acontece não só de modo intelectualmente articulado, como quando redigimos currículos e textos escolares, mas também com rituais, arte e música.

A tarefa urgente agora é reformular nosso futuro e nosso passado, não de acordo com as necessidades políticas, mas afinando-nos com as realidades espirituais: Deus vivo no mundo, a criatividade em ação, a unidade do planeta há tanto tempo desejada e o anseio pela saúde e bem-estar de todos os seres guiando cada movimento nosso. O modelo pode ser tirado da história bíblica de José, que reinterpretou o que aconteceu com sua família. Quando seus irmãos sentiram medo de que ele pudesse se vingar pelo que tinham feito a ele, ele os tranquilizou, dizendo que Deus tinha planejado tudo aquilo:

> Agora, pois, não vos entristeçais, nem vos pese aos vossos olhos por me haverdes vendido para cá; porque para conservação da vida, Deus me enviou adiante de vós [...]. Pelo que Deus me enviou adiante de vós, para conservar vossa sucessão na terra, e para guardar-vos em vida por um grande livramento. Assim não fostes vós que me enviastes para cá, senão Deus, que me tem posto por pai de Faraó, e por senhor de toda a sua casa, e como regente em toda a terra do Egito. (Gênesis 45:5-8)

Precisamos nos religar ao grande projeto, como José insistiu que seus irmãos fizessem. Ele contou a história com um olhar no futuro e no aperfeiçoamento da humanidade, "para conservação da vida [...] para conservar vossa sucessão na terra". Devemos relatar a história do nosso planeta, do mundo natural e da humanidade. Em nossas histórias sobre a natureza, devemos trazer novamente à existência Deus e o espírito, ao mesmo tempo incorporando vislumbrar da ecologia, vendo-nos como seres que interagem com um mundo diverso e consciente, em vez de enfatizarmos nossa natureza dominadora. Historicamente, os grandes relatos que inspiraram o mundo precisam ser relatados. A tradição judaica, com sua maravilhosa história do Êxodo, a história da redenção divina da escravidão, tem inspirado movimentos de liberação em todo o mundo. Nos últimos dois séculos, mulheres e minorias oprimidas têm contribuído com essa corrente de memória coletiva com suas próprias histórias. Elas precisam "re-lembrar" à humanidade, falando daqueles que tiveram suas vozes e seus acessos aos caminhos influentes negados.

Devemos contar as histórias específicas de nossa própria tradição com essas questões em mente. Devemos contar histórias de criatividade, de pessoas que lutaram contra todas as probabilidades, que se recusaram a oprimir outros, histórias de amor, de compaixão e perdão, de pessoas que colocaram a unidade divina e a ligação com outros seres acima de todo o resto.

E devemos contar histórias de milagres. Só poderemos quebrar o domínio férreo que a ciência mecanicista tem sobre nossa consciência se reconhecermos o papel de Deus em tudo. O Baal Shem Tov, fundador do hassidismo, ensinou que nenhuma folha cai no chão sem o consentimento de Deus. Todos nós vivenciamos acontecimentos extraordinários, que vão desde coincidências a milagres inconfundíveis em nossa vida. Devemos ver o Divino agindo em todos eles e ter a coragem de contar essas histórias. Quando o fizermos, veremos que o encadeamento causa-efeito da bola de bilhar da velha ciência mecanicista não é a única força no universo. Deus está no meio de nós, com a força da coesão no lugar da mera causação, unindo pessoas e acontecimentos em prol de um bem final. "Deus me enviou adiante de vós."

Essa afirmação de José se ajusta perfeitamente ao caso porque coloca os acontecimentos na perspectiva correta: cada pessoa fez sua parte; o resultado final depende de Deus. Tudo que temos feito, tudo que temos tentado, tudo que temos aprendido não é nosso, mas de Deus. O que quer que tenhamos pensado, esperado ou aguardado que aconteça a partir do nosso esforço individual ou social, seu resultado final não está em nossas mãos.

Como a barriga de uma mulher em seus últimos meses de gravidez, *Yesod*-Fundamento está pesada com o peso do potencial e é difícil de carregar. Nesse ponto, reconhecemos a enorme responsabilidade que temos de sermos canais para a reformulação das perspectivas. Devemos tomar tudo, no céu e na Terra, e acrescentar nossa própria centelha criativa para transmiti-la ao mundo. Quando estivermos conscientes de que Fundamento é a transmissão da vontade divina que começou em Coroa, poderemos expressar nossa gratidão e avançar com liberdade.

Dando forma à energia: *Malchut*-Manifestação

A energia divina já se desdobrou em várias transformações através de cada uma das *sefirot*. Ela agora resulta em algo: no que existe. A existência presente é *Malchut*-Manifestação. Normalmente, é tudo que vemos, ouvimos e tocamos. Todos os outros níveis são invisíveis. São mundos ocultos, como diz a cabala.

Malchut-Manifestação é nossa vida normal, vivida na fina casca de um mundo, enquanto grandes acontecimentos explodem abaixo dele. A sensação de vazio de "O que estou fazendo aqui?" aparece quando deslizamos ao longo da superfície por tempo demais. O ser humano foi criado para explorar, para ir além de meras aparências. Desde o tempo em que os antigos astrônomos se perguntavam por que a lua aparece em momentos diferentes a cada noite e almas contemplativas reviravam o interior sombrio da psique humana, temos tentado decifrar esses mistérios. O judaísmo insiste, no entanto, em que a mera contemplação deles, ou até mesmo uma experiência pessoal relacionada a eles não é suficiente. As revelações e conhecimentos que recebemos devem ser usados para transformar o mundo. Isso acontece na *sefirah* Manifestação.

Apenas na arena de Manifestação podemos contemplar o circuito de pensamento, emoção, fala e ação. Quando agimos conscientemente, produzimos mudanças no mundo físico por meio do contato real com ele ou emitimos vibrações com nossa fala. Desse modo, coisas novas passam a existir realmente. Pensamos, organizamos e, finalmente, falamos e agimos. Nossos "decretos" se tornam realidade. A capacidade de iniciar e produzir decretos, introduzindo uma nova vontade no mundo, é o reino, significado literal no hebraico da palavra *Malchut*. Na cabala, Manifestação significa que nossa verdadeira intenção, seja ela consciente ou inconsciente, se completa. Na história do rabino Nachman do príncipe peru, Manifestação é retornarmos à nossa verdadeira essência nobre, como o príncipe que novamente se sentou à mesa do banquete.

A verdade sobre o domínio de Manifestação e tudo que sabemos e sentimos é trazido para a realidade concreta de algum modo. Os seres humanos têm o dom da consciência da profundidade do ser e de vivenciar essa consciência. Uma das aventuras extraordinárias da humanidade nos últimos duzentos anos é a descoberta de níveis de existência nunca antes sonhados: os mistérios dos códigos genéticos, as forças no interior do átomo, as estrelas distantes e os buracos negros. Será que exerceremos um controle ético e consciente do nosso conhecimento sobre outras dimensões da existência? Será que perguntaremos o que Deus quer fazer com ele? Será que consideraremos as implicações maiores dos nossos atos? Ou seguiremos o caminho mais divertido e lucrativo e deixaremos os resultados ao acaso?

Os problemas surgem quando, nesse ponto final de ação, nos isolamos do todo. Sabemos, por exemplo, da responsabilidade do voto nas eleições. O modelo sobre o qual as sociedades democráticas se fundamentam se expressa na vontade do povo e na igualdade de todos os cidadãos. Nos Estados Unidos, esses princípios são vistos como divinamente aprovados em sua origem. As instituições sociais são estabelecidas para regulamentar nossas interações, de acordo com a intenção superior original. No entanto, a correspondência entre a vontade divina original e a sociedade em que vivemos depende, entre outras coisas, do nosso voto.

Devemos nos preparar estudando a história pregressa dos candidatos e suas posições quanto a questões importantes. Por meio desse esforço, e então por nosso voto, emitimos nossos "decretos", que serão considerados em conjunto com todos os de outros eleitores. Normalmente, apenas aceitamos o resultado, mas às vezes ele subitamente se torna importante para nós. Na eleição presidencial nos Estados Unidos em 2000, por exemplo, pessoas aparentemente racionais tomaram partido de modo radical. Pararam de ouvir os outros e de exercer a autocrítica. Em vez de pensar sobre o processo como um todo, elas se fixaram em alguma versão particular da realidade, enraizada na percepção delas mesmas e do seu lugar no universo emitida por seu próprio ego. Essa é uma tentação que ocorre o tempo todo em nível de Manifestação: construir para nós mesmos um pequeno universo rígido, no qual insistimos em ser as estrelas.

Como corrigir essa rigidez? Uma das maneiras é nos lembrar de que a responsabilidade não é algo que pode pertencer a alguém: ("é *minha* responsabilidade"). Responsabilidade é a capacidade de reagir, o que implica um contexto maior, uma comunidade, um mundo cheio de outros atores e pensadores, e Deus, também, como ator principal, com processos intrincados ligando céus e Terra. Esse é um conceito judaico de aliança. Todos nós somos responsáveis uns pelos outros. Você pode ser um príncipe ou princesa a quem se tenha dado domínio sobre sua parte do mundo, mas vive num universo maior de nobreza, que inclui um rei divino intimamente envolvido com ele.

Também é importante respeitar os processos de tomada de decisão, criados para incluir vários fatores diferentes e chegar a uma decisão equilibrada. Esse é o trajeto final da flecha até seu local exato no alvo. Processos judiciais e legislativos são os mais comuns desse tipo na sociedade secular. Nas tradições religiosas, valores e princípios (como os embutidos nas leis) são normalmente combinados com a revelação e a compaixão de líderes espirituais. No judaísmo, por exemplo, há um processo pelo qual todo ato é decidido: *halacha*, literalmente "caminhada", o termo geral aplicado à lei judaica. Construída sobre a deliberação dos sábios ao longo de três mil anos, e em várias eras e culturas históricas, a *halacha* define como uma pessoa pode caminhar corretamente no mundo.[4] Nem todo judeu hoje em dia aceita a *halacha* tradicional como autoridade máxima, mas o conceito de um caminho a seguir com integridade e responsabilidade permeia todo o judaísmo, e ideias semelhantes aparecem em cada senda verdadeiramente espiritual. Um caminho de responsabilidade deve ser a marca da *sefirah* Manifestação — um caminho de resposta tanto coletiva quanto individual à intenção divina. Então *Malchut*-Manifestação se tornará o reflexo de *Kether*-Coroa, não somente em visão, mas também na realidade.

Seguindo as regras

Toda comunidade religiosa estabelecida tem suas regras, seu caminho de responsabilidade. O Nobre Caminho Óctuplo do budismo insiste em maneiras corretas de agir, falar e ganhar a vida, bem como na maneira de seguir um propósito espiritual e de meditar. Nos mosteiros medievais europeus, tais normas eram chamadas de *regula*, o termo latino para "regra", como na "Regra de São Benedito". O interessante é que essa palavra provavelmente vem do hebraico, *regel*, que significa pé: a parte do corpo que caminha (como em *halacha*). Apesar de toda regra geral possuir muitas outras específicas, cada tradição comunica a ideia de que seus detalhes se relacionam a um conceito maior sobre como viver a vida da melhor maneira possível. Nas religiões ocidentais, o conceito de regra se liga ao de um Deus que revela a divindade ao mundo. As regras são a manifestação da vontade divina na medida da compreensão humana. Em várias tradições nativas americanas, há o conceito do caminho. O judaísmo diz: "O caminho da terra é o fundamento da Torá", o que significa que as regras éticas e os códigos civis reconhecidos por toda a humanidade são regras básicas também para os judeus. Nesses princípios gerais éticos está construído o caminho mais desenvolvido e detalhado da *halacha*. As regras de cada religião normalmente estimulam as pessoas a seguirem um caminho muito mais elevado do que o prescrito pela sociedade. Em cada religião há também outro tipo de caminho, ainda mais exigente: o caminho individual que precisa ser trilhado por cada um.[5]

Vivemos numa época em que as pessoas frequentemente rejeitam regras e leis, no judaísmo e em toda parte. Viver de acordo com regras trazidas pela tradição parece algo superficial. *Malchut*-Manifestação perdeu sua conexão com os processos que as fizeram surgir. Nas aldeias e cidades das sociedades tradicionais, as regras estavam vivas. As pessoas conseguiam se sentir ligadas ao processo de estabelecimento de regras específicas por causa de suas redes de relacionamento social e de seus líderes. Do ponto de vista das *sefirot*, podemos dizer que as famílias, clãs e mestres respeitados participantes da herança comunitária incorporavam a *sefirah* Fundamento. O justo, no judaísmo, o santo, no cristianismo, o guru, no hinduísmo incorporavam a *sefirah* Esplendor, e o místico representava a possibilidade de acesso a reinos superiores. Sua orientação, suas decisões e exemplos de disciplina pessoal asseguravam a conexão íntima da *sefirah* Manifestação, com suas regras, a todos os níveis da criação e da revelação divina. No entanto, para o homem moderno, excluído de uma sociedade religiosa vibrante, a religião organizada pode parecer consistir apenas de regras estranhas a ele e de rituais vazios. Viver de acordo com elas é como ir a um museu pilhado de seus tesouros, em que as galerias estão vazias e as pinturas foram arrancadas de suas molduras.

Nossa preocupação em relação à superficialidade e à prática vazia não é apenas um resultado da modernidade. Os místicos de todas as tradições pregavam às pessoas sobre o vazio espiritual. Eles sabiam que nossa sociedade, incluindo sua religião, às vezes perdia a conexão com os mundos superiores. Eles queriam desesperadamente que as pessoas vivessem de dentro para fora: não para quebrar as regras, mas para alcançar o coração da tradição no interior dessas mesmas regras, onde está a vida e o espírito. Mesmo numa sociedade muito religiosa, as pessoas poderiam se tornar dependentes de outras para estabelecer sua conexão com Deus, e essa sociedade poderia se esquecer de quem Ele era realmente. Os sufis criticaram o legalismo islâmico, Martinho Lutero censurou violentamente uma igreja que definia salvação em termo de "obras" e os taoistas da China criticaram a esterilidade da sociedade de Confúcio. No judaísmo, os profetas, os rabinos do Talmude e todos os místicos insistiam em que colocássemos nosso coração em nossas observâncias. Sua mensagem é: descubra sua própria conexão com *Tiferet*-Esplendor e vá além. Aprenda com a sociedade e com seus mestres, e ao mesmo tempo saiba que você não precisa ser uma mera imitação deles. Saiba que você também pode ser um agente de transmissão, de *Yesod*-Fundamento; você também é um príncipe, um embaixador de Deus no mundo de *Malchut*-Manifestação. Um príncipe, porém, não sai por aí quebrando regras. Em vez disso, ele ou ela *é o exemplo de como segui-las em sua forma mais nobre.*

Talvez possamos expandir um antigo ensinamento zen que diz que se você vir alguém apontando para a Lua, não deve confundir o dedo com ela. No caso da religião, significa não confundir as regras dela com a realidade final ou com Deus. Por outro lado, se você estiver olhando para a Lua, ou, usando uma analogia melhor, tentando encontrar uma constelação no céu, seria um tolo se ignorasse o dedo que aponta a direção correta para você. O dedo apontando representa as regras, com todas as suas implicações.

As regras são, em resumo, medidas pelas quais vivemos. Suas minúcias são resultado da cooperação divina e do propósito humano, ao longo dos anos, filtradas através de todas as condições da natureza e da sociedade humana. Essa perspectiva assume que a grande maioria das regras e leis nas sociedades modernas são benéficas e melhoram a qualidade de vida. Como nas leis da natureza (que agora compreendemos que se desenvolveram ao longo do tempo),[6] quanto maior a diversidade das situações às quais elas sobreviveram, adquirindo continuidade e criatividade, mais essenciais são ao projeto humano. Essa é uma das razões pelas quais o judaísmo, como a maioria das tradições, tem mudado suas regras muito lentamente ao longo do tempo.[7]

No judaísmo, admite-se algo denominado "argumento em prol do céu" — diferenças de opinião, fundamentadas, não em nossos próprios desejos, mas numa convicção sincera, fundamentada num profundo conhecimento da tradição, de que certo rumo não está de acordo com a vontade divina. Mesmo assim, os místicos judeus sempre insistiram em que não podemos desobedecer às leis e ainda assim alcançar a liberdade espiritual. Podemos sentir que nos erguemos acima da necessidade de fazer exatamente como as leis da sociedade ou da religião ditam, mas essa sensação vem em geral de uma percepção egoísta e não de uma revelação espiritual. Mais importante ainda, qualquer consideração sobre revisão de regras deve vir de um local de unificação e compaixão, e não de uma perspectiva do tipo "nós contra eles". De outro modo, geraremos ainda mais conflito e sofrimento.

No judaísmo, as regras por si só frequentemente têm significados místicos. A cabala ensina que, se alguém se concentrar intensamente num mandamento divino, pode alcançar níveis mais altos de espiritualidade. Quando o *Sefer Yetzirah* comenta: "Apressam-se para Seu dito como um furacão" (1:6), o rabino Aryeh Kaplan acrescenta: "O fato de o místico estar buscando um 'dito' divino faz com que ele tenha acesso a estados muito mais elevados de consciência do que normalmente pode atingir. É por isso que muitos deles se empenham em meditações relacionadas às observâncias de diversos mandamentos".[8] Do mesmo modo, o *Tanya* ensina que cumprir um mandamento é um meio de se unir diretamente à vontade divina, o que é, em essência, um ato místico.[9] Ao colocarmos nossa vontade a serviço do Divino, reduzimos o âmbito do ego, que tipicamente nos pede que racionalizemos nossas ações a serviço do nosso próprio interesse.

Há duas regras gerais com as quais, pelo que eu sei, todos os mestres espirituais concordam. Uma delas é fazer o bem e doar-se a nossos colegas humanos, especialmente aos que passam necessidade. O trabalho de servir aos outros é o modo mais universal de eliminar o ego. Além disso, no misticismo judaico, os atos de bondade são a base do que se chama "elevação a partir de abaixo" — uma ação humana que finalmente levará Deus a derramar amor divino na Terra. O rabino Schneur Zalman de Liadi escreveu, perto do final do século XIX, na véspera das revoluções industrial e ideológica, que transformariam a cultura mundial, que a ação compassiva é o essencial:

> Depois da criação do "homem para trabalhá-la" [a terra], todo despertar de cima, para despertar o atributo da Suprema Expansividade, depende de um despertar a partir de baixo, isso é, a *caridade e bondade que praticamos neste mundo* [...] nesses momentos [...] o principal serviço a Deus é o serviço da caridade.[10]

Outra regra praticamente universal é separar tempo para o relacionamento com Deus. No judaísmo, esse aspecto essencial da espiritualidade tem sido instituído por meio da insistência na observância individual e coletiva do *Shabat* (o sabá), que foi admirada e por vezes adaptada por muitos em outras tradições espirituais.[11] No entanto, assumindo ou não o sabá, separar uma quantidade substancial de tempo sagrado é uma parte crucial da prática espiritual.

Malchut-Manifestação é tradicionalmente representada pelo Rei Davi, pois as letras hebraicas em seu nome significam "vazio e vazio" ou "pobre e pobre", não atribuindo nada a ele mesmo. Como Davi representa o ser humano como servo de Deus, seu nome contrasta com certo inimigo de Deus, numa guerra que, segundo as profecias de Ezequiel, acontecerá no futuro (Ezequiel 38). Esse inimigo se chama Gog, cujas letras significam "cheio e cheio", isso é, cheio de si, mesmo depois de ter sido apresentado à realidade de Deus. Espiritualmente, isso fala da guerra final entre aquele que se anula diante do infinito e daquele que se apega a seu ego. Quando essa guerra tiver passado, a manifestação final, conhecida como Reino de Deus, estará completa.

Vamos agora explorar como programar uma compreensão cabalística do mundo de uma perspectiva mais pessoal. Primeiro, no entanto, aqui estão as *sefirot* como as descrevi no Desenrolar da Criação, para revisão:

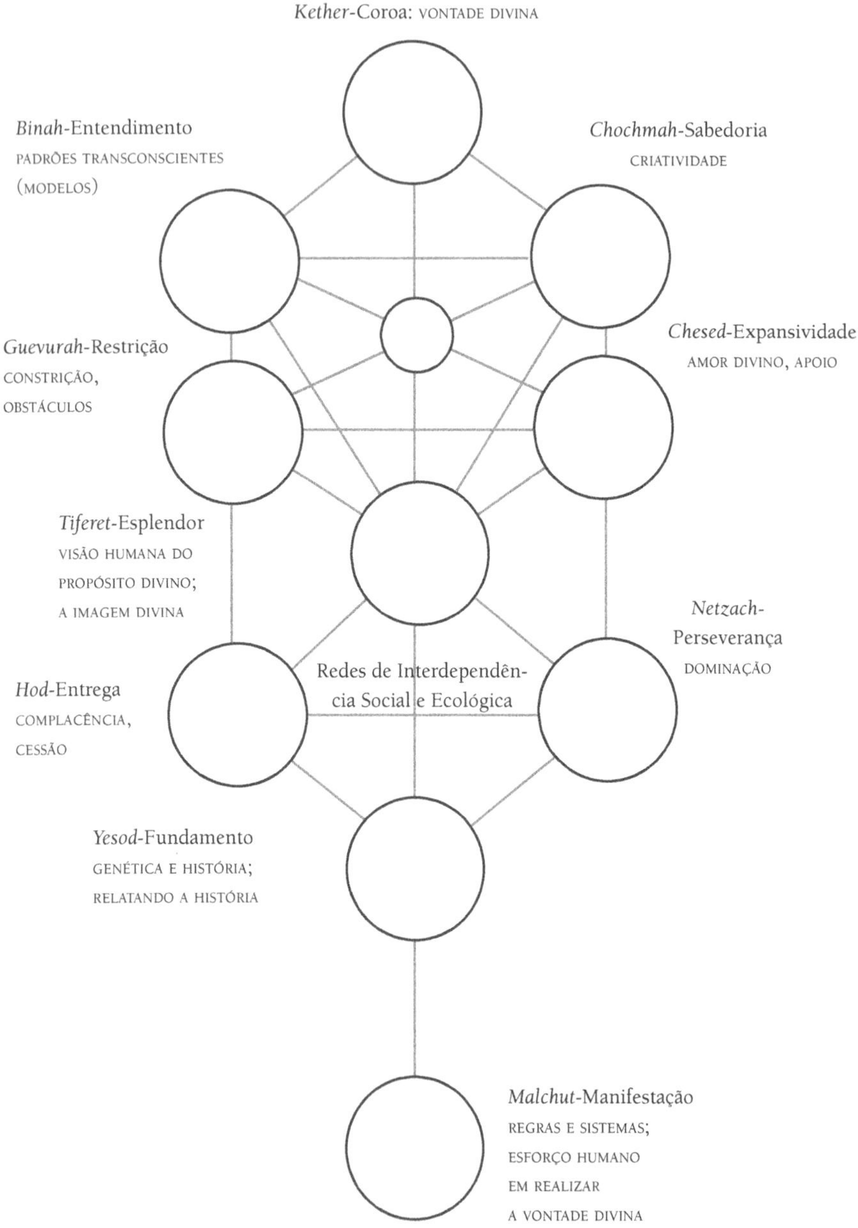

Kether-Coroa: VONTADE DIVINA
Binah-Entendimento
PADRÕES TRANSCONSCIENTES
(MODELOS)
Chochmah-Sabedoria
CRIATIVIDADE
Guevurah-Restrição
CONSTRIÇÃO,
OBSTÁCULOS
Chesed-Expansividade
AMOR DIVINO, APOIO
Tiferet-Esplendor
VISÃO HUMANA DO
PROPÓSITO DIVINO;
A IMAGEM DIVINA
Netzach-
Perseverança
DOMINAÇÃO
Redes de Interdependên-
cia Social e Ecológica
Hod-Entrega
COMPLACÊNCIA,
CESSÃO
Yesod-Fundamento
GENÉTICA E HISTÓRIA;
RELATANDO A HISTÓRIA
Malchut-Manifestação
REGRAS E SISTEMAS;
ESFORÇO HUMANO
EM REALIZAR
A VONTADE DIVINA

PARTE III

O CAMINHO DA LEMBRANÇA

6

Desobstruindo o caminho

Ben Zoma dizia: a quem se deve chamar sábio? Àquele que aprende com todos os homens, conforme se diz: "de todos os meus mestres recebi ensinamentos" (Salmo 119:99).

A quem se deve considerar forte? Àquele que sabe vencer suas paixões, como é dito na Escritura: "melhor é o homem paciente e sofredor do que o valente; e ainda melhor o que domina seu espírito do que o que conquista uma cidade" (Provérbios 16:32).

A quem se deve considerar rico? Aquele que se alegra com o que possui, como se lê: "feliz serás quando comeres o produto do trabalho das tuas mãos, e bem será para ti" (Salmo 128:2)...

Quem é digno de respeito? Aquele que respeita seus semelhantes, como se diz: "respeitarei os que me respeitaram, e os que me desprezaram, desprezarei" (1 Samuel 2:30).

— *Mishnah, Pirkei Avot 4:1*

Examinando nossa história pessoal

A cabala diz que somos os milhares de reflexos do único Deus. Como podemos nos conscientizar dessa realidade em nossa vida? Como podemos conhecer, mediante todos os mundos de tormento e lutas, o amor e a beleza que Deus quer manifestar em nosso interior? Fazemos isso enchendo-nos, em *Malchut*-Manifestação — nossa vida cotidiana —, com a realidade divina, limpando todo sedimento da lamparina, de maneira que a luz possa brilhar livremente por todo o caminho até *Kether*-Coroa.

O primeiro passo é compreender e contemplar as *sefirot*, como começamos a fazer na Parte II. Agora temos um mapa da realidade divina, observado a partir da perspectiva cósmica, desde o processo da criação até a maneira como tentamos expressar a vontade divina na sociedade. E agora podemos usar essas informações para reconstruir de baixo para cima, de *Malchut* até *Kether*.

Começaremos abordando nossa história pessoal e como ela se expressa nas *sefirot* mais inferiores — Manifestação, Fundamento, Entrega e Perseverança. Do ponto de vista espiritual, a história pessoal de cada indivíduo é uma aventura da alma. Muitas vezes interpretamos a biografia de pessoas bem-sucedidas de modo paradigmático, enquanto pensamos na de outros (a nossa, a de nossa família?) como histórias de derrotas e derrocadas entremeadas com realizações aprovadas pela sociedade. Então, entramos em agonia em relação ao passado ou nos sentimos vitimizados. O processo espiritual da cabala toma uma direção diferente. Queremos descobrir o sentido mais verdadeiro possível em relação a nós mesmos: nosso religar à fonte original. Queremos então deixar que a luz dessa fonte flua através de nós completamente, como se fôssemos recipientes vazios.

Enquanto crescemos, raramente nos vemos como recipientes para a divindade. No mundo do príncipe peru embaixo da mesa, nós nos vivenciamos como seres dependentes da boa vontade de outros. Diferentemente da maioria dos animais, não temos as habilidades necessárias para nossa própria sobrevivência. Precisamos de muito tempo até nos tornar seres humanos completos. Durante esse processo, nos envolvemos em inúmeras interações com os outros seres que fazem parte da nossa vida e que nos oferecem oportunidades de defini-la. No entanto, quase nunca sabemos realmente o suficiente para fazer escolhas conscientes. Chegamos à idade adulta ainda enredados nas energias da infância e da adolescência: as energias sociais que, como vimos no Capítulo 5, estão incrustadas nas quatro *sefirot* inferiores.

Devemos nos desenredar delas para viver a missão de nossa alma de modo eficaz, e os aspectos mais importantes nesse processo são reconhecer como nossa identidade veio a existir e sobre como nossos laços com o passado nos atrapalham.

O ego e a atribuição do nome

Primeiro, identificamos nosso apego ao ego. Ele está ligado aos papéis que temos na vida e à versão atual de nossa identidade pessoal. Esse apego começa muito cedo, quando a sociedade em que vivemos nos dá um nome.

Lembre-se de que a mais inferior de todas as *sefirot*, Manifestação, é o mundo como normalmente é visto por nós. A energia divina está presente, mas é bastante restrita. Fisicamente, este mundo opera de acordo com as leis naturais e é socialmente construído por nossas percepções, determinadas pela cultura que nos cerca. Essas restrições naturais e sociais constituem "as regras", como descrevemos no Capítulo 5. Quando as crianças nascem, dá-se imediatamente a elas um lugar neste mundo, ou seja, um papel. Esse papel as insere nas regras da sociedade, por meio da atribuição do nome.

Os nomes são assinaturas da *sefirah* Manifestação. O primeiro ato de Adão na Bíblia, o ato que completou a criação, foi o de dar nome aos animais. O mestre hassídico rabino Yitzchak Ginsburg observa que "Adão inseriu a experiência completa da vida em 'toda criatura viva', atribuindo-lhe um nome".[1] O nome pessoal é um dom com o qual o mundo nos dota, normalmente por meio de nossos pais e parentes próximos, que com isso nos determinam um lugar nele. Nós nos identificamos com o nome: Eu *sou* Davi, Eu *sou* Sara. Essa identificação é a formação exterior associada à personalidade que denominamos ego.

Quando escolheram um nome específico, aqueles que o deram a nós já tinham criado uma imagem de quem éramos. Talvez tenham nos dado o nome de alguns de nossos antepassados, para que fôssemos inseridos numa determinada linhagem. Várias culturas têm regras que ditam que nomes podem ser dados; os judeus *askenazi*, por exemplo, normalmente nunca dão a seus filhos o nome de um parente vivo, mas com frequência o de um já falecido. Outras culturas têm restrições em relação a certos nomes, como, por exemplo, os de pessoas que morreram de modo inusitado. Em algumas sociedades é considerado aconselhável dar à criança o nome do pai, de modo que encontramos ali João e João Júnior, ou mesmo Ricardo I, II e III. Às vezes, os pais são criativos em relação aos nomes, inventando alguns ainda inexistentes ou escolhendo outros raros para seus bebês. Às vezes dizem que viram algo no filho que os levou a dar algum nome específico. Os americanos frequentemente dizem apenas: "Sempre gostei desse nome", o que nos mostra a importância dos caprichos em nossa cultura!

A importância do nome se torna clara quando observamos como as crianças têm dificuldades com aquele que lhes foi dado, normalmente durante o final da infância e a adolescência. Elas amam os apelidos escolhidos por amigos — ou os odeiam. Brincam com suas assinaturas ou letras, tentando descobrir o estilo perfeito. É como se o ego que se manifestou no mundo quando nasceram não pudesse mais conter a energia delas; precisa ser adaptado e ampliado de algum modo.

Como adultos, às vezes mudamos de nome. As mulheres tradicionalmente assumem o sobrenome do marido, o que significa que tomarão para si a tarefa de cuidar da linhagem deles. As casadas muitas vezes assinam documentos com o nome de solteira e de casada. Jane Smith Jones, por exemplo, em vez de Jane Louise Jones. Essas pessoas estão afirmando, talvez inconscientemente, que carregam as duas linhagens. Uma mudança de religião muitas vezes leva à troca de nomes, ou à atribuição de um nome adicional ou "secreto" ao adepto. O ato de fazer parte de uma sociedade diferente frequentemente desencadeia uma mudança de nomes, em geral para que a pessoa se torne mais aceitável entre os novos associados. Os imigrantes nos Estados Unidos frequentemente mudavam seus nomes originais para facilitar sua pronúncia aos anglofônicos. Com a mesma frequência, os oficiais da alfândega trocavam os nomes dos recém-chegados, que decidiam adotá-los.

Todo esse jogo com nomes é um sintoma do processo em que se tenta fazer uma alma caber num ego, num construto cultural. Mas essa realidade no palco do mundo é apenas um nível, aquele que a cabala chama de *sefirah* Manifestação. Nele, somos como atores num palco, cada um com um papel, e o sistema educacional formal e informal em cada cultura nos ensina que papel é esse. Podemos ser criativos e sem dúvida somos únicos. Em nível de Manifestação, porém, as pessoas sempre nos verão em diferentes papéis, como pai, mãe, filho, professor, amigo, empresário, artista, todos eles determinados por regras ou estruturas sociais.

O primeiro passo da maturidade é detectar a discrepância entre o papel atribuído a você e sua própria sensação de quem você é. Crianças pequenas não questionam seu lugar; elas reagem a seus nomes, imitam os mais velhos e adquirem diligentemente habilidades sociais. Às vezes, ainda são bem jovens quando começam a se sentir desconfortáveis em relação à sua identidade. Podem dizer, como um dos meus filhos disse quando tinha 5 anos: "Sou a pior criança do mundo" — uma expressão do que sentia intimamente — de que seu ego/personalidade não era seu eu verdadeiro. Esse tipo de intuição pode se expressar como um grito raivoso: "Eu não consigo me adaptar! Sou uma pessoa terrível!" As crianças podem se retrair e se tornar socialmente desajustadas, mudando constantemente de grupo ou se agarrando desesperadamente a seu pequeno bando de amigos. Estão descobrindo que o ego não é tudo que existe. Quando chega a adolescência ou o começo da juventude, frequentemente estão dispostos a abalar o mundo, ou pelo menos seu canto do mundo, para nos avisarem dessa discrepância, que chamam frequentemente de hipocrisia.

Ainda assim, à medida que amadurecemos, podemos descobrir que não é necessário trocar de papel para destituirmos as regras. Nossa luz pode brilhar a partir de onde estivermos. De vez em quando, lemos histórias no jornal sobre pessoas extraordinárias, escondidas em vários cantos do globo, que viveram uma vida longa, plena e admirável sem nunca terem se afastado mais de dez milhas de onde nasceram. Apesar de isso ser quase inimaginável para aqueles de nós que fazem viagens de avião de milhares de milhas em férias de apenas uma semana, essas vidas falam de uma verdade profunda. Quando sentimos que precisamos viajar pelo mundo para conquistar a autossatisfação, esse desejo é na realidade uma metáfora para outro desejo mais profundo: o anseio interior de expandirmos o alcance da nossa alma.

Do mesmo modo, em nosso desenvolvimento espiritual, estamos realmente tentando descobrir nosso "nome divino". Discutimos anteriormente como as próprias *sefirot* estão ligadas ao poder de diversos nomes divinos, e como cada um deles é a manifestação de Deus. Já que todos somos a manifestação Dele, "à imagem divina", também temos nomes divinos. Mudamos de nome à medida que crescemos porque estamos buscando.

A primeira coisa a explorar, então, é o nome dado por seus pais. Talvez sua própria alma tenha arquitetado essa escolha. O misticismo judaico afirma que, quando uma pessoa recebe um nome hebraico, ele contém um segredo sobre a sua identidade. Se você recebeu seu nome de um antepassado, descubra o máximo que puder sobre essa pessoa. Anote os nomes que você tiver recebido desde o nascimento. Além dos óbvios, inclua apelidos, nomes carinhosos dados a você por algum parente, alcunhas de que você não gostava, nomes fictícios que pensou em adotar. Se você pudesse escolher outro nome hoje, qual seria ele? Pergunte-se sobre o que cada um desses nomes representa para você. O ato de se tornar mais consciente do seu ou dos seus nomes e de todo o processo de atribuição de nomes ajudará você a compreender onde esteve e para onde está indo.

O passado e sua presença

O que mais nos foi dado? Cientificamente, nós agora reconhecemos que o DNA em cada célula codifica a informação física necessária para que um ser humano inteiro se forme em termos de constituição física, temperamento e inteligência individual. Nosso DNA é a combinação dos genes de nossos pais biológicos, e, já que esses genes vêm da união dos dois, a herança genética é adequadamente representada pela *sefirah* ligada à procriação e à transmissão da tradição, a *sefirah* Fundamento.

A genética não é o único determinante, porém. A ciência pode agora nos mostrar se determinado gene veio do pai ou da mãe, mas a razão pela qual eles se combinam de um modo específico ainda é um mistério: por que uma criança na família é mais alta e outra mais baixa, por que uma tem olhos castanhos e outra, azuis? O judaísmo ensina que Deus está por trás desse processo. Deus é o terceiro participante na criação de cada criança, e o projeto divino aparece nas combinações únicas que cada indivíduo recebe.

De acordo com os ensinamentos místicos, a missão da alma é se revelar. Podemos ter mais do que uma vida para fazer isso; os desafios que não vencemos, o trabalho que não foi realizado numa vida serão novamente oferecidos à pessoa, de outra maneira e em circunstâncias diferentes.[2] De acordo com a cabala, os resultados de vidas passadas, nossas realizações e derrotas, estão codificadas no nosso corpo. O grande pensador do século XVIII conhecido como Vilna Gaon (R. Eliyahu Kramer, 1720-1797) afirmava que as possibilidades e limitações individuais do corpo físico derivam da vida ou das vidas anteriores da pessoa. Com efeito, o modo como nossos genes afetam nossa constituição física, temperamento ou capacidade mental pode estar relacionado à maneira como vivemos anteriormente. Nos ensinamentos judaicos, a transmissão de tais qualidades é mais do que um processo mecânico; é parte do projeto de um Deus amoroso. Se os desafios que devemos enfrentar estiverem realmente impressos no nosso corpo — nosso corpo físico, nosso temperamento emocional e nossa capacidade mental — esses dons nos fornecerão uma chave do que temos que fazer nesta vida.

Não é de admirar que a *sefirah* relacionada a esse processo seja denominada *Yesod*-Fundamento, pois ela é o "fundamento" construído nas vidas anteriores. Pense em todas as coisas que agora sabemos ser profundamente influenciadas por características herdadas — canalizadas através de nossos pais, talvez "selecionadas" por meio dos atos de nossas vidas passadas: nossa voz e jeito de caminhar característico. A tendência à força numa das mãos e à fraqueza em outra, e em várias áreas do corpo e da mente. Talento na arte, música, ou atividade física. Extroversão ou introversão. Cada uma dessas características e muitas outras são dons dados a nós, por meio dos quais nós mesmos, por nossa vez, transmitiremos nossos dons espirituais ao mundo. A *sefirah* Fundamento é o canal criativo através do qual a luz divina penetra e transforma a herança genética, que tem sua base no físico.

Essa perspectiva nos ajuda a compreender mais profundamente nossa missão na vida. Não precisamos nos transformar externamente, seja usando cosméticos, acumulando bens ou buscando honra. Podemos trabalhar com aquilo que está imediatamente à nossa frente, conosco e em nós, e com isso revelar a luz divina escondida no interior dessa forma específica e única que é nosso próprio ser.

Mais importante ainda, a codificação do passado inclui os atributos positivos que herdamos, seja por meio de nossas próprias ações passadas ou pelo mérito de nossos ancestrais. Como vimos anteriormente, a Bíblia ensina que Deus se lembra do bem por mil gerações, enquanto retribui o mal por apenas três ou quarto (Êxodo 33:6-7). A palavra hebraica para gerações, *toledot*, tem a mesma raiz da palavra para nascimento, *ledah*. Isso nos revela que todo bem que fizemos se acumula e é preservado a partir das muitas vidas que nos precederam. O "mal" é, talvez, que estejamos continuando a trabalhar a partir de vidas mais recentes. As "mil gerações" de bondade se concretizam nos dons dados a nós no nascimento, e se tornam uma fonte de força.

Ao mesmo tempo, sabemos que esses dons devem ser refinados e cultivados de modo a se tornarem instrumentos úteis em nossas mãos, e não uma energia descontrolada. O Talmude conta que o Rei Davi estava destinado a derramar sangue, mas dependia dele mesmo se transformar num guerreiro, num assassino, num abatedor ritualístico ou num especialista no ritual da circuncisão. Ele se tornou um guerreiro em prol do seu povo. Alguns dos atributos de todos nós serão estimulados pela sociedade; nossa herança religiosa pode nos fornecer uma visão espiritual e uma boa disciplina pessoal para nos ajudarem a refinar nossos talentos. Ainda assim, devemos realizar a obra crucial sozinhos.

Escolhendo companheiros

O próximo conjunto de energias que devemos transformar em nível pessoal é o par dinâmico de *sefirot* conhecidas como *Netzach*-Perseverança e *Hod*-Entrega. A cabala as chama de Companheiras, aquelas que acompanham nosso caminho espiritual. No entanto, temos muitos companheiros muito tempo antes de nos conscientizarmos de nossa caminhada espiritual: todas as outras pessoas que encontramos e pelas quais somos afetados.

Quando a Árvore da Vida cabalística é representada no corpo físico, as *sefirot* Perseverança e Entrega se relacionam às pernas, desde os quadris até os joelhos e tornozelos. Como tal, são nossos sistemas de apoio. Socialmente, representam o modo como nossas famílias, tribos e comunidades nos servem à medida que crescemos — guiando, aconselhando e protegendo. Perseverança e Entrega também representam maneiras de dar e receber: os relacionamentos recíprocos que constituem família, comunidade, sociedade e até mesmo o ambiente natural maior.

Enquanto pernas e tornozelos são periféricos ao corpo, e na realidade uma pessoa pode sobreviver fisicamente sem eles, a energia de Perseverança e Entrega também são portadoras de energia divina, trazendo-nos as influências de que precisamos para esculpir nosso destino individual. Ainda assim é importante lembrarmos que, apesar do poder das influências sociais, elas não são determinantes. Elas interagem conosco. Temos escolhas. Nosso relacionamento com Perseverança e Entrega é, desse modo, diferente da nossa relação com a *sefirah* Manifestação, que representa o contexto social inquestionável, como dito anteriormente. Os cabalistas muitas vezes repetem: "*Malchut* não é nada por si só". As crianças não têm controle sobre quem são seus pais, se vão ser criadas por seus progenitores ou não, se viverão num lar estável ou desestruturado, se morarão num só lugar ou se mudarão frequentemente.

Ainda assim, o modo *como* reagimos a essas influências, como escolhemos e atraímos determinados aspectos da sociedade, ou resistimos a eles ou os repelimos é crucial. Essas reações são o trabalho do indivíduo com as forças de Perseverança e Entrega. Esse trabalho colore e enriquece nossas energias emocionais dominantes. Por exemplo, até mesmo crianças pequenas podem resistir e protestar contra as circunstâncias que as cercam; podem escolher um pequeno grupo de amigos dentre as dezenas de crianças que conhecem; podem se apegar a algum professor, tio ou tia específico mais intensamente do que a seus pais. Quando criança, eu me identifiquei com uma tia em especial dentre minhas aproximadamente trinta tias, tios e primos mais velhos. Naquela época, ela era um pouco como a ovelha negra da família (ou eu pensava assim a partir de minha perspectiva infantil), vivendo uma vida mais aventureira do que todos os outros. Como ela se mudava muito e tinha se radicado na exótica Califórnia quando me tornei adolescente, eu raramente a via, mas vibrava quando me lembrava dela. Eu permiti e aceitei sua influência em minha vida, integrando-a à minha própria formação interior.

A Perseverança tem a qualidade de Expansividade; ela fica do mesmo lado da Árvore da Vida do que a *sefirah* com o mesmo nome, porque é a nossa aceitação ativa das alternativas. Dizemos um sim interior para a situação ou para a pessoa que se apresenta. Às vezes nossa escolha é até mesmo mais ativa, quando tomamos a iniciativa e exercemos nossa vontade, tentando controlar uma situação; por isso essa *sefirah* é denominada tradicionalmente Vitória. Os clubes dos quais nos tornamos sócios, os esportes que praticamos e a música que ouvimos, tudo isso nutre nosso eu emergente.

O outro lado, Entrega, é o do retraimento e restrição. Uma criança precisa aceitar algumas normas sociais como parte de sua vida. Costumes familiares e culturais, herança tribal, estilos e modas nos envolvem diariamente em tudo, desde nossas roupas à decoração da casa e administração de relacionamentos. Apesar disso, podemos realizar nossa pequena contração, dizendo um não interior, retraindo nossa energia das atividades e relacionamentos de que não gostamos. Nós nos entregamos exteriormente e nos restringimos interiormente. Essa restrição nos ensina, no mundo maior, a não sermos varridos pela multidão. É nossa própria "glória" interior, o significado literal de Entrega.

Dependendo do nosso temperamento e estágio de desenvolvimento, algum determinado aspecto pode ser mais fácil ou difícil para nós. Na universidade que frequentei há décadas, 90% dos alunos pertencia a fraternidades ou irmandades. Eu me revoltava com o fato de que muitas moças saíssem magoadas pelo julgamento dos outros durante o processo de seleção e me recusei a participar. Achei que dizer *não* estava mais de acordo com minha verdade interior. Uma de minhas amigas mais queridas, porém, sempre participava de algum desses grupos: ela tinha se lançado na corrente da sociedade e tomado parte em sua formação. Nenhuma de nós duas estava errada, mas ela tinha adotado o papel de Perseverança em relação àquela estrutura social, enquanto eu, a posição de Entrega.

Essas duas *sefirot* estão em constante alternância e mútua interação. Como nossas duas pernas quando caminhamos, elas funcionam em conjunto para nos levarem a certa direção. Estamos sempre desenvolvendo as "pernas" de que precisamos para caminhar. Por meio dos amigos que escolhemos, Perseverança e Entrega nos dão novas e diferentes formas. A escolha de nossos companheiros se torna cada vez mais importante à medida que nos desenvolvemos espiritualmente. O judaísmo aconselha as pessoas a fazer de sua casa um local ao qual os eruditos da Torá vão e ensinem, e a nunca se sentar entre os "escarnecedores", que ridicularizam essas buscas espirituais.[3] Grandes mestres de todas as tradições contam como precisaram abandonar os companheiros da juventude para poder obter o apoio necessário a seus empreendimentos espirituais. Os mestres *sufis* tradicionalmente vagueavam em busca, não de lugares belos desse mundo, mas de almas irmãs. Os cristãos criaram comunidades espirituais através da história, desde os círculos devocionais católicos da Idade Média até as reuniões de turma metodistas do século XVIII. A cabala fala muito dos segredos compartilhados entre os Companheiros. O ensinamento implícito é que eles devem refletir para você a verdadeira divindade de sua natureza.

Você provavelmente já pôde constatar em sua própria vida como suas amizades tenderam a mudar quando você se concentrou mais nos assuntos espirituais. Há pessoas que você sabe que estão num caminho espiritual, com as quais você gostaria de interagir mais frequentemente? Se esse for o caso, vá atrás delas. Se não, ore para que Deus traga esse tipo de pessoa até você.

Transformando os laços emocionais

Agora vamos nos aprofundar em mais um nível. Em nossa história pessoal, as escolhas que fizemos e as pessoas por quem nos sentimos atraídos formaram o nosso ser individual, emocional e físico. Essas redes de reciprocidade deixaram uma marca nos vários níveis da alma, mas especialmente na força vital que está mais profundamente ligada às *sefirot* Perseverança e Entrega.

Nós somos *emocionalmente ligados* a acontecimentos e pessoas importantes do nosso passado. É como se estivéssemos lançando fibras de energia em torno de nosso eu emocional que nos prendem às pessoas, grupos e acontecimentos.[4] Algumas dessas conexões energéticas são úteis; outras nos impedem quando tentamos ir adiante. Todas precisam ser transformadas e elevadas, ou mesmo, em alguns casos, desconectadas.

Parece não haver paralelo no mundo animal à ampla gama e sutileza de emoções vivenciadas e descritas pelos seres humanos. Além da variedade de palavras que temos para descrever as emoções, as obras de arte e a música informam e, em certo sentido, "retratam" nossa amplitude emocional. Quando enfrentamos qualquer situação desconhecida ou mesmo nos imaginamos em algum contexto diferente, nosso corpo inteiro é atravessado por uma energia que nos informa sobre nossa reação, em vários níveis, a várias possibilidades. Se pensarmos, por exemplo, em sair para comprar presentes, sentiremos emoções diferentes do que as que sentiríamos se fôssemos ao dentista. Todas as nossas experiências passadas de compras de presentes e de dentistas nos "movem", pois são movimentos do núcleo de nosso eu que se move em direção ao exterior. Porque nossas reações se desenvolvem em interação com o meio ambiente, podemos ter a tendência a culpar nossa criação ou sociedade por elas.

O judaísmo, no entanto, assim como várias tradições espirituais, nos ensina que podemos atingir uma perspectiva a partir da qual poderemos dominar essas reações.

As terapias modernas descobriram que nosso corpo guarda uma vasta gama de respostas emocionais. Muitas vezes descobrimos que certos tratamentos físicos (acupuntura, dançaterapia, massagem) liberam antigas lembranças. Em 1998, fui ao meu médico, que era especialista em dançaterapia, para uma de uma série de tratamentos para um problema no ombro. Também estávamos trabalhando em dores crônicas nas costas. Para liberar um pouco da tensão, ele me pediu que tentasse me equilibrar, de pé, numa pequena plataforma de equilibrista. Depois de praticar um pouco, desci da plataforma e senti meus joelhos muito relaxados e leves. De repente, a lembrança e um tipo de terna tristeza me tomou. Minha mente voltou para 1964, quando uma amiga querida se despediu de mim nos degraus do dormitório da faculdade. Eu fiquei atônita. Não tinha me esquecido completamente do momento em que minha amiga saiu da escola, mas a lembrança desses sentimentos tinha sido completamente apagada até esse exercício simples destravar a emoção enterrada em meus joelhos.

O contrário também acontece, e experiências emocionais têm resultados físicos. O medo, com sua resposta instintiva de prontidão para a luta é às vezes traduzido em ansiedade nos seres humanos. Essa ansiedade, se sustentada por muito tempo, afeta o coração, a circulação e os níveis hormonais. As pessoas que passam por traumas profundos de infância podem demonstrar uma série de respostas físicas e emocionais que dominam sua vida inteira. Eu tenho encontrado ao longo dos anos, por exemplo, várias pessoas que sobreviveram ao Holocausto nazista quando eram crianças porque se esconderam. Muitas delas aprenderam que o melhor modo de lidar com qualquer ameaça era desaparecer: fechar-se para qualquer reação e manter-se em total silêncio. Como resultado, em momentos difíceis, sua personalidade normal mudava e adotava um retraimento pétreo. Todos nós temos estratégias de sobrevivência desse tipo, apesar de normalmente elas não serem tão extremas.

O misticismo judaico, juntamente com várias outras tradições espirituais, reconheceu o perigo de se alimentar emoções negativas. Rabinos eruditos, mestres zen e monges cristãos concordam que paixões como raiva, luxúria e melancolia (que chamamos de depressão) são entraves em nosso caminho espiritual, enquanto amor e alegria constituem influências positivas. A questão é: como podemos superar nossas tendências negativas e criar uma vida saudável e satisfatória do ponto de vista emocional? Podemos trabalhar de duas maneiras complementares, correspondentes às *sefirot* Perseverança e Entrega, o que nos leva à ação, nos motiva e nos energiza para criarmos as estruturas resistentes do nosso corpo e iniciar respostas externas. À medida que amadurecemos, nossa capacidade de observar essas duas energias se desenvolve mais completamente e podemos observar nossos impulsos e emoções sem julgamento. Perseverança constrói experiências que levam a bons hábitos emocionais. Por exemplo, podemos decidir fazer coisas que gerarão sentimentos positivos: ligar para um amigo, sair para passear, trocar de roupa e vestir algo de que realmente gostamos, arrumar um quarto bagunçado. Podemos acrescentar espiritualidade à nossa vida emocional, escolhendo leituras espirituais, indo a locais que nos inspiram e ficando perto de pessoas que admiramos por sua profundidade e sensibilidade. Podemos separar tempo para estudo e meditação. Todas essas são práticas ativas. O judaísmo sempre ensinou que é pelo *fazer* que alguém posteriormente adquire as características do *ser*, isto é, de se tornar o tipo de pessoa que deseja ser.[5] Esse é o início de fases cada vez mais profundas no trabalho espiritual: a construção de uma estrutura externa, de um recipiente mais forte que possa receber e manter a inspiração.

Hod-Entrega é a maneira como vivenciamos as correntes de sentimento que passam através do nosso corpo em resposta a nosso ambiente externo e/ou a nossos próprios pensamentos. Também é a energia que nos capacita a sentir aceitação e gratidão (*Hoda'ah* em hebraico, que se relaciona a ações de graças) e a nos libertar de apegos. Essa *sefirah* nos capacita a observar, aprender e a nos desligar de laços emocionais. Usamos essa energia quando exercemos a restrição à expressão de nossas emoções, como por exemplo, a explosões de raiva ou ansiedade. Entrega também nos ajuda a ver que a energia original de uma emoção constituiu a informação que tivemos sobre nosso ambiente, como, por exemplo, a primeira impressão que temos de uma pessoa. Podemos ser gratos por essa experiência, e ainda assim reavaliá-la sob uma luz mais objetiva, e gradativamente reduzir seus efeitos sobre nós.

Assim como suas pernas trabalham em conjunto para manter você no caminho e em equilíbrio, as mudanças externas produzidas por você em sua vida acontecerão ao mesmo tempo que as práticas espirituais. Geralmente você nem mesmo precisará monitorar esse equilíbrio de modo ativo, pois elas dependem uma da outra, e você não será capaz de avançar com apenas uma perna. Se você trabalhar com essas *sefirot*, sua vida certamente mudará. Qualquer que seja sua idade física, você agora alcançará maturidade espiritual.

Demônios coletivos e suas vítimas

Apesar de os padrões que examinamos até agora serem muito pessoais, é importante acrescentar algumas palavras sobre os aspectos positivos das *sefirot* Perseverança e Entrega, porque eles frequentemente influenciam nossa vida pessoal. Você provavelmente já observou que algumas pessoas carregam feridas tão profundas que parece impossível curá-las. Algumas parecem "possuídas" pela raiva e pela dor, ou por uma autoimagem grandiosa. Com muita frequência esses estados levam à violência contra elas mesmas ou contra os outros, ou à extrema exploração dos outros.

Mesmo quando não sofremos desse modo em nível pessoal, qualquer um de nós pode, inesperadamente, se ver num relacionamento como esse, com um pai ou mãe abusivo, um irmão desequilibrado, um cônjuge que revela seu lado perverso ou um guia ou mestre que com o tempo se torna explorador. Quando vemos os movimentos em massa que levam as pessoas a comportamentos grotescos, desde o nazismo da Alemanha em guerra até os cultos suicidas do final do século XX, podemos ter certeza de que seu líder ou líderes são pessoas profundamente feridas. Aqueles que os seguem são forçosamente afetados, apesar de normalmente não no mesmo grau.

Às vezes as pessoas sofrem traumas pessoais profundos, outras carregam as marcas de um sistema familiar que se arrasta por gerações ou até mesmo uma nação inteira. Como regra geral, se fizermos parte de um sistema ferido, constituído pela família ou pelo grupo social íntimo de alguém ferido, não deveríamos tentar nos tornar terapeutas das pessoas envolvidas. Pessoas de fora, especialmente treinadas, podem ser capazes de ajudar. Podemos agir com compaixão, mas ao mesmo tempo devemos nos lembrar de nos proteger de qualquer dano direto.

Nós também somos chamados a uma reação diferente. Quando nos vemos inseridos num sistema que contém feridas dolorosas, devemos examinar nossa ligação com o coletivo maior. Será que temos hábitos de pensamento e expressão, padrões de ação e reação que mantêm as famílias desestruturadas geração após geração? Como nossa herança étnica ou religião perpetuam as feridas que as famílias e as nações carregam? Na Quarta-feira de Cinzas de 2000, o Papa João Paulo II e o cardeal da Diocese de Los Angeles finalmente emitiram um pedido formal de desculpas pelos atos históricos da Igreja Católica Romana, bem como por suas ações pessoais, que feriram ou alienaram grupos e indivíduos. Quando uma instituição que influencia muitas pessoas age de maneira a prejudicar outras, as feridas de ambos os lados são profundas e duradouras. Um pedido público de desculpas não é uma cura, mas é um ato histórico grandioso, pois pode fazer com que as pessoas superem sua dor e comecem a se curar.

O ato de roubar as pessoas de sua identidade grupal específica e de sua dignidade também pode infligir traumas. Apesar de sermos todos humanos e de ansiarmos pelo amor de toda humanidade, a expressão de nossa identidade grupal é essencial ao desenvolvimento do ego. A etnia e a religião são dois exemplos de marcadores de identidade na sociedade moderna. Às vezes a geografia fornece um marcador principal — "Sou texano", ou "Sou nova-yorkino". A linhagem também pode ser importante: "Meu avô era rabino" ou "Venho de uma longa linhagem de pastores". Em algumas sociedades, o sexo é um marcador principal, quando, por exemplo, homens e mulheres são iniciados em papéis muito diferentes. Até mesmo identidades separatistas, como o fato de ser um membro de gangue ou participante de algum movimento político, podem fornecer um fundamento importante, especialmente no final da adolescência. Mesmo sabendo que em última análise seu conteúdo não é espiritual, precisamos reconhecer que são importantes como parte de uma etapa de desenvolvimento.

Quando uma pessoa ou grupo tem dificuldades em passar dessa etapa, a resposta natural é atacar alguém que possa ser considerado culpado. Se as soluções não estiverem imediatamente disponíveis para reparar a injustiça passada, uma pessoa ou grupo pode criar uma ideologia completa em torno de sua opressão passada, com isso limitando as possibilidades de cura e perpetuando as feridas. Qual é a solução? Uma vez, quando discutíamos as dificuldades dos árabes palestinos em Israel, eu perguntei a um rabino a opinião dele sobre o que estava acontecendo. Eu disse que os palestinos tinham claramente sofrido uma grande humilhação nas guerras contra Israel e em sua frustração desde então. Qual a solução para isso? Ele respondeu simplesmente: "O orgulho é uma conquista".

Já vimos esse tipo de abordagem em muitas situações. Mahatma Gandhi era conhecido por sua estratégia de resistência passiva à opressão inglesa na Índia e na África do Sul na primeira metade do século XX. O que não é muito lembrado, é que Gandhi insistiu em que uma parte crucial dessa luta consistisse de programas de autoajuda: pessoas fiando sua própria lã e vestindo roupas feitas em casa para desenvolver a autoestima. Sem isso, ele acreditava que elas não seriam suficientemente fortes para praticar a não violência.

A prática espiritual tem se provado também parte desse esforço. O dr. Marthin Luther King Jr. realizou uma obra semelhante à de Gandhi ao enfatizar a "força para amar", em vez da reação contra a sociedade dominante. Ele se nutriu das riquezas espirituais do cristianismo afro-americano, incluindo o espírito de fé profunda e de disposição ao perdão, para criar um movimento não violento que começaria a curar as feridas do racismo. De modo semelhante, Nelson Mandela e o Arcebispo Desmond Tutu lideraram uma revolução pacifica na África do Sul, depois dos anos que Mandela passou na prisão sob o sistema do *apartheid*, criando em seguida o que foi chamado de "política de reconciliação".

As mesmas estratégias podem funcionar contra nossos demônios interiores. Podemos copiar esses modelos, cada um a seu próprio modo, assumindo a responsabilidade plena por nossa vida e recusando-nos a assumir o papel de vítimas ou a justificar nossa vida apelando para nossa dor. Podemos buscar forças nos recursos da nossa tradição espiritual para encontrar meios de ampliar nossas perspectivas, de perdoar, de curar e de reconciliar. Finalmente, precisamos nos conscientizar dos danos que provocamos quando usamos nossa identidade individual e separada como uma desculpa para o separatismo. Na verdade, uma das motivações deste livro foi o meu sentimento profundo de que muitas feridas precisam ser curadas dentro de minha própria tradição, o judaísmo, assim como no relacionamento do judaísmo com outras religiões. Todos nós devemos desenvolver uma perspectiva de vida que tenha sua fonte na unidade final. As *sefirot* Perseverança e Entrega também podem ajudar a equilibrar nosso mundo coletivo.

7

Concretizando sua intenção

Cada vida converge para algum centro
Expresso ou silencioso;
Em toda natureza humana
Há uma meta,

Parcamente admitida para si mesmo, pode ser,
Justa demais
Para que a temeridade da credibilidade
Ouse.

Adorada com cuidado, como frágil céu
Tão sem esperança de ser alcançada
Como de se tocar
a vestimenta do arco-íris
Ainda assim perseveram em direção a ela,
Mais seguro da distância,
Quão alto
na diligência lenta dos santos
O céu!
Pode ser que não seja conquistado

Pela desventura de uma vida,
Mas então,
A eternidade possibilita a tentativa.
Novamente.

— *Emily Dickinson, "A Meta"*

Despertar espiritual

A energia da próxima *sefirah* no Caminho da Lembrança, *Tiferet*-Esplendor, está constantemente nos chamando. É nosso propósito de vida, nossa ligação pessoal com a visão divina. Passamos, porém, muitos anos, pelo menos vinte e frequentemente o dobro, apenas crescendo e nos estabelecendo na vida. A maioria das pessoas não está pronta para responder ao chamado de Esplendor até algum momento nos meados da idade adulta, e vários de nós o fazem apenas na velhice. Primeiro, precisamos passar pela fase em que nos tornamos indivíduos socialmente responsáveis, contribuindo com a sociedade, cuidando de nossos queridos e criando uma nova geração. Durante esse processo, aprendemos a apoiar emocionalmente os outros e a receber amor em retorno. Descobrimos o que nos enriquece e o que nos exaure. Enfrentamos problemas e resolvemos alguns deles. Criamos as estruturas básicas da vida "normal" a todo ser humano.

Em geral é nesse momento também que captamos algum sentido da origem de nossa configuração pessoal. Podemos ser capazes de descobrir nosso lugar na dinâmica de nossa família original, no modo como a deixamos para trás ou como ainda estamos enredados nela. Podemos observar nossos obstáculos nas relações sociais: "Sou tímido demais", ou "fico agressivo demais durante as discussões". Adquirimos uma determinada ideia de nós mesmos, apesar de às vezes nos atrapalharmos com a autocrítica exagerada. Estamos começando pelo menos a manter nosso curso emocional através das armadilhas encontradas por todos, seja em questões financeiras, na morte de um ser amado, nas escolhas profissionais ou na alegria e no esforço de criar os filhos. Com um pouco de sorte, também somos capazes de ver algo em relação à posição de nossa sociedade na história. No final do capítulo anterior, vimos que é possível assumir a responsabilidade de tal modo que façamos com que as feridas sociais comecem a ser curadas. Podemos até mesmo nos ver como parte de uma "família" maior, e descobrir como fomos enredados nas perspectivas limitadas de nossa sociedade — e como podemos transcendê-las.

Tudo isso significa que começamos a dominar as quatro *sefirot* inferiores. Ainda assim, podemos não estar certos em relação a nosso papel adequado no drama cósmico maior. Se formos perus embaixo da mesa, agora poderemos esticar a cabeça para fora da toalha e ver que existe um panorama mais amplo. No entanto, nossos apetites e inseguranças fazem com que voltemos rapidamente para o mesmo lugar. Especialmente nas sociedades ocidentais, nossas necessidades materiais básicas têm sido amplificadas a tal ponto que, apesar de todos os dispositivos criados para poupar trabalho e tempo, ainda assim passamos grande parte deles satisfazendo-as. Estamos também muito preocupados com a opinião de outros perus, de modo que nos tornamos vulneráveis à pressão social.

O despertar espiritual pode começar quando reconhecemos a futilidade da vida de um peru embaixo da mesa. Mesmo que não sejamos capazes de expressar claramente o problema, vemos que muito do tempo que passamos e muitas de nossas atividades diárias são simplesmente maneiras diferentes de fazer as mesmas velhas coisas — dar comida, segurança, continuidade e algum prazer a nós mesmos e a nossa família. Vemos que nossa vida não é tão diferente da dos outros ao nosso redor, ou até de animais que fazem o mesmo em sua programação instintiva. Então perguntamos: "Será que a vida é só isso?" Será que importa se eu fizer isso ou não? Bilhões de outras pessoas vivem vidas iguais à minha. Estou tentando ser uma boa pessoa e administrar o que me deram para fazer. Mas, para quê? Por que estou aqui?

Essas perguntas surgem de um nível em nosso interior que é superior ao nosso eu emocional e social. Elas representam o acender da centelha da alma, que vem por meio da *sefirah Tiferet*-Esplendor, cuja energia irradia a partir do nosso núcleo. Quando a energia dessa *sefirah* é despertada, temos que ouvi-la. Se tentarmos calá-la ou ignorá-la, vamos nos ferir e criar um curto-circuito no desenvolvimento espiritual da nossa vida. Nossas perguntas têm a ver com a verdade espiritual; de fato, Verdade é outra palavra para essa *sefirah*.

Como o grande rabino Hillel, que viveu no primeiro século, disse: "Se eu não for por mim, quem será por mim?" A sociedade, por mais que apoie nossa evolução, sempre estabelecerá limites ao nosso desenvolvimento pessoal, porque as instituições sociais necessitam de certos requisitos de conformidade. Até mesmo nossos amigos e cônjuge podem se sentir desconfortáveis se mudarmos demais, porque têm medo de que viremos a mesa. A *sefirah Tiferet*-Esplendor, que agora começa a brilhar com luz divina, insiste em que iniciemos uma busca pessoal.

Agora olhamos para cima, e não para trás, para o nosso passado; nem horizontalmente, para os nossos companheiros atuais que se encontram em nossa zona de conforto emocional e espiritual. Imagine que as quatro *sefirot* inferiores formam uma cumbuca, voltada para cima, para ser cheia com a realidade de nossa alma agora desperta.

Nossa busca pode tomar várias formas. Ela frequentemente faz com que nos voltemos para mestres e organizações religiosas ou espirituais, o que é bastante adequado, porque são os portadores da sabedoria mais profunda dos investigadores espirituais de todos os tempos. Apesar de poder intuir que a verdade está em nosso interior, normalmente não somos tão arrogantes a ponto de pensar que podemos responder a todas as perguntas profundas e importantes sem ouvir as vozes dos que nos precederam. Cada pessoa espiritualmente realizada passou algum tempo aprendendo com os mais velhos e com pessoas de sua própria tradição e de outras também, que lhe transmitiram sua sabedoria.

No início, você pode encontrar seu mestre frequentando o grupo religioso de sua escolha e se encontrando com todos os seus "especialistas" (padres, pastores, rabinos, etc.). Muitas vezes a pessoa que você escolher acabará se tornando simplesmente aquela que o apresentará às obras da tradição.

Ele ou ela é um guardião do portal. À medida que você for avançando, os mestres de que você precisa aparecerão muitas vezes de modo mais indireto, e podem nem mesmo ser profissionais. Às vezes eles permanecerão em sua vida por muito tempo, às vezes apenas por alguns breves encontros. É quase como se eles não pudessem ser procurados de maneira consciente. Um velho ditado diz: "Quando o aluno está pronto, o mestre aparece".

A maioria de nós é muito beneficiada ao se ligar por algum tempo a um determinado mestre que não somente comunique conhecimento, mas que também seja um modelo de atitude, alguém a ser imitado de várias maneiras. A aprendizagem acontece num nível muito mais profundo quando vemos alguém viver o que ensina.

Ainda assim, um relacionamento com um mestre espiritual tem seus perigos. Viver um relacionamento pessoal intenso com ele é um pouco como voltar à relação de um filho com seus pais. Exatamente por causa dessa intensidade, esse relacionamento muitas vezes desperta apegos emocionais e feridas precoces. Como resultado, podemos às vezes ser ofuscados pelas maravilhas que acontecem no relacionamento, a ponto de nos esquecer do nosso propósito original: encontrar a nossa própria verdade. Podemos ser sugados novamente para a dinâmica emocional das *sefirot* inferiores, e, até nos desenredar delas, só avançamos muito lentamente. Lembre-se de que o mestre é apenas um canal, aquele que por acaso você tem nesse momento específico. Faça regularmente uma reavaliação dos encontros com seus mestres e colegas para liberar a energia emocional que você pode às vezes relacionar a eles.

Criando uma prática

O mais importante é que um bom mestre apresentará você a uma prática. Ela faz com que você, no final, não se transforme numa mera imitação do seu mestre. Ela também é algo herdado numa tradição autêntica. As diversas tradições normalmente sugerem métodos de avaliação e de transformação de si mesmo: caridade, disciplina física, oração, confissão, meditação, ritual e cerimônias. Vamos observar brevemente essas abordagens.

Antes disso, no entanto, é importante notar que as práticas espirituais não se encontram no mesmo nível das regras. Falamos sobre regras e papéis como parte da *sefirah Malchut*-Manifestação, como parte de se viver numa sociedade. Sua religião, por exemplo, pode ter como regra a da doação de um décimo do que você ganha para a caridade. Considerar a caridade um assunto espiritual, no entanto, é algo diferente. O que se requer de você é que você se torne uma pessoa que personifique justiça, compaixão e doação, e não que apenas obedeça a uma regra sem questionar. Do mesmo modo, você pode ter crescido com certas orações tradicionais ou com o ritual da confissão. Agora, porém, o que se pede é que você *se torne* sua oração, e que continuamente avalie a prática de seus valores espirituais. Na verdade, as regras de uma tradição espiritual foram projetadas para fazer parte da prática. Se você tiver crescido com elas, provavelmente as verá como meras regras. Se chegar a elas mais tarde na vida, pode ser mais fácil entender que elas apontam para uma prática espiritual. Seja como for, nessa etapa, revolucione todas as suas ideias sobre regras.

No judaísmo, o caminho da lei judaica, conhecido como *halacha*, foi projetado para refinar o ser humano. A palavra que significa "refinar" (*tzaref*, como em remover impurezas), também pode significar "unir", como quando o soldador une duas peças com um ferro de soldar. Quando temos uma prática, começamos o processo de refinar nosso eu humano e de nos unir firmemente a Deus. O estudo de diferentes tradições religiosas revela que a maioria delas oferece recomendações semelhantes quanto a como aperfeiçoar a vida espiritual. Todas ensinam uma estrutura moral para a vida, a disciplina das emoções, o aperfeiçoamento da mente, a manutenção da saúde física, e a autoavaliação à medida que se prossegue no caminho. Tudo isso é obra da *sefirah* Esplendor.

As práticas que descreverei abaixo são, a meu ver, praticamente universais, apesar das formas que tomam serem específicas a cada religião. Procure em sua própria tradição cristã as práticas que se adaptem a essas categorias.

1. Estudo e reflexão

Já que você está lendo este livro, esse tipo de prática é provavelmente fácil para você. Vá a palestras ou aulas oferecidas por pessoas que visem estimular e não apenas excitar seu público. Estude os textos religiosos fundamentais — na tradição judaica há a tradição do estudo da Torá, que é verdadeiramente extraordinária e fascinante. Descubra quais são os grandes pensadores que inspiram as pessoas em sua tradição. Mesmo se puder se ater a apenas pequenos trechos de seus escritos, lembre-se de que dominar um ou alguns poucos parágrafos escritos por um verdadeiro pensador vale muito mais a pena do que receber informações de segunda mão. Você pode se unir à pesquisa sobre as grandes questões que têm ocupado os seres humanos por milênios: como podemos compreender a meta da vida? Como tomar decisões de modo a promover o bem? Qual a origem do mal e como o abordar em nossa vida? Algumas pessoas se sentirão mais atraídas por esse tipo de estudo do que outras, mas esse pode ser pelo menos um componente da caminhada espiritual de todos.

Ao mesmo tempo, se adquirirmos conhecimento, mas ele permanecer superficial, não cresceremos espiritualmente. A especialização em teologia, filosofia ou lei religiosa, isoladamente, só serão apenas mais uma "habilidade comercial". Ela pode ser tratada como uma mera base de dados de conhecimentos objetivos que acessamos de acordo com a demanda, mas na qual não pensamos muito em outros momentos. O conhecimento religioso deve ser interiorizado. Um mestre que nos ajuda a compreender o que estudamos é essencial aqui. A palavra *cabala* significa "receber" porque a tradição precisava ser recebida pessoalmente, de pessoa para pessoa, em transmissão direta. Esse era na verdade o método para toda a tradição judaica: Deus ensinou a Moisés, Moisés a Josué, Josué aos anciãos israelitas, e assim por diante. A tradição escrita, na pedra, em pergaminhos ou livros, era a origem, mas não a totalidade do ensino. Um mestre ou um grupo que estude junto pode ajudar cada um de nós a interiorizar o que aprendemos e a aplicá-lo em nossa vida.

Duas outras práticas funcionam em conjunto com o estudo para nos ajudar a incorporar os conceitos e informações que aprendemos. São a oração e a meditação.

2. Oração

A oração é uma cerimônia e uma abordagem direta a Deus. Teoricamente criamos, na oração, nosso próprio espaço sagrado, nos fechando para o mundo exterior, e falamos do âmago do nosso ser com o Poder que guia o universo. Muitas tradições de oração seguem formas especificas que nos levam em direção a esse núcleo interior.

O modo como nos dirigimos pessoalmente a Deus se relaciona pelo menos a duas dimensões. Uma é simplesmente nos sentir confortáveis ao falar com Ele. Podemos até mesmo falar em voz alta e com sentimento sobre nossas necessidades e problemas — necessidades pessoais, problemas familiares ou profissionais, ideais e metas. Essa abordagem é um modo tão natural de se relacionar com a divindade que é encontrada em todas as tradições espirituais.

Outro bom exercício é criar suas próprias orações depois de aprender algum assunto especifico em seus estudos. O rabino Noson de Nemirov, discípulo-chefe do rabino Nachman, compôs orações com base nos ensinamentos que recebia de seu mestre, o que o capacitou a interiorizar esses ensinamentos de maneira mais completa. Em termos cabalísticos, isso é usar a energia da *sefirah Da'at*-Conhecimeto para "ligar" a mente da pessoa ao assunto em mãos. Você pode, por exemplo, compor uma oração sobre o uso da visualização, talvez algo no estilo das seguintes linhas: *Que seja da Tua vontade, Deus, que minha imaginação se harmonize com as coisas sagradas, e que eu seja capaz de visualizar e de interiorizar os conceitos profundos que estou tentando aprender.*

A segunda dimensão da oração é concentrar-nos menos em nós mesmos e mais nos outros. A oração pelo coletivo mais amplo está instilada nas orações judaicas, já que a redação da maioria das orações tradicionais usa a palavra "nós", simbolizando todo o povo judeu. Algumas delas têm um conceito ainda mais amplo, estendendo-se à totalidade da raça humana. Pense em si mesmo como um agente designado para falar com Deus em prol dos outros.

Os comentaristas bíblicos descobriram sugestões sobre a importância desse aspecto da oração no segundo capítulo de Gênesis, que conta a história do primeiro casal, Adão e Eva. Está escrito que "o Senhor Deus não fizera chover sobre a terra" (Gênesis 2:5). No entanto, aprendemos no primeiro capítulo do mesmo livro que todos os componentes da natureza já tinham sido criados, incluindo vegetação e árvores. Como pode ser? A explicação é que toda vegetação existia em potencial, abaixo da superfície da terra, mas precisava esperar que a chuva caísse antes de poder realmente brotar. O que fez com que brotasse? As orações de Adão e Eva![1]

A oração exige que ultrapassemos o ego. Ao mesmo tempo, é uma experiência emocional, e não física, como doar, nem intelectual, como estudar. Uma das grandes contribuições do hassidismo à prática judaica foi a ênfase renovada na oração e na colocação do coração na oração. Quando tentamos falar do fundo do nosso coração, descobrimos a profunda dor e alegria da existência, tanto a nossa como a que sentimos pelos outros. Essa é uma das ênfases dos mestres hassídicos — devemos gritar do mais profundo do nosso coração. Heschel escreveu: "Eu oro porque Deus, a *Shechinah*, é excluída. Oro porque Deus está exilado, porque todos nós conspiramos para nublar todos os sinais de Sua presença, no presente e no passado. Oro porque me recuso a me desesperar".[2]

Muitas pessoas ainda perguntam: "Em que nossa oração pessoal se relaciona aos planos do mestre do universo? Será que elas mudam os desígnios de Deus? Será que as pessoas não estão na verdade orando apenas para satisfazer suas próprias necessidades emocionais? Surpreendentemente, os estudos científicos sugerem que a oração é curativa, e especialmente que aquela feita pelos outros é eficaz. A oração generalizada "para que aconteça o melhor" ou "seja feita a Tua vontade" parece ser especialmente eficiente, tanto para os que oram como para aqueles por quem se ora.[3] Não se entende exatamente como a oração funciona, mas esses estudos sugerem que não deveríamos ficar tão surpresos pelo fato de todas as tradições religiosas no mundo possuírem algum meio de invocar e de pedir aos poderes superiores por proteção e auxílio.

3. Meditação

A meditação no judaísmo é um complemento à oração. Falando coloquialmente, se a oração "sobe", a meditação nos prepara para recebermos o que "desce". Por isso, um aspecto importante dela é nos incutir consciência e receptividade. Outra dimensão é a contemplação, incluindo a visualização, que nos ajuda a envolver nossa imaginação e sentimento, de modo que nossa conexão com o Divino possa se tornar mais rica e completa.

As meditações cabalísticas têm consistido de simples *kavanot* — recitação ou pensamento de uma "intenção" para uma oração específica, a transmutações intrincadas e complexas de letras de nomes divinos. A meditação silenciosa e exercícios de respiração eram bastante comuns entre os cabalistas, assim como entre os mestres hinduístas e budistas. Esses métodos de ampliação da consciência, por um lado, e da capacidade de se concentrar, do outro, parecem ser praticamente universais. A maioria de seus praticantes também afirma que eles ajudam a atingir a equanimidade, uma atitude pacífica e serena ao enfrentarem as dificuldades da vida.

A primeira etapa de muitas práticas de meditação judaica é denominada "aquietação da mente".[4] Ela ocorre em *Da'at*, ou Conhecimento, e se torna a plataforma para se alcançar a total santidade dos níveis superiores. Além disso, a tradição judaica ensina um tipo específico de meditação que pode às vezes nos tornar receptivos ao que está além das fronteiras do pensamento normal: *hitbonenut* (da mesma raiz de *Binah*-Entendimento), que significa literalmente "fazer com que seu próprio eu entenda". Essa abordagem consiste em se concentrar em determinado símbolo ou conceito e em vinculá-lo mentalmente a símbolos e ideias relacionados. Uma meditação *hitbonenut* sobre a água, por exemplo, pode consistir na contemplação da água nas várias formas em que aparece na terra, como símbolo para a Torá, versos na Bíblia que a mencionam e a palavra hebraica para água (*mayim*), com o significado de suas letras. Tudo isso seria um "desenvolver", por assim dizer, do símbolo água.

As visualizações meditativas foram reconhecidas há muito na cabala como uma ajuda poderosa à compreensão espiritual. O rabino Noson de Nemirov escreveu que a imaginação pode ser vista como o ponto mais elevado do reino físico, e o ponto mais inferior do reino espiritual.[5] Na visualização meditativa, usamos sugestões verbais para imaginar alguma característica da existência: por exemplo, descansar na presença de Deus no Jardim do Éden. Fazemos isso quase instintivamente quando dizemos: "Imagine-se na pele de alguém" — uma visualização criada essencialmente para evocar compaixão. O número das visualizações meditativas possíveis está limitado apenas pela imaginação da pessoa. O livro de Salmos, na Bíblia, tem fornecido temas ricos para contemplação há milênios. No cristianismo ortodoxo, os ícones têm sido objeto de meditação. As histórias de Jesus, dos santos ou de pessoas excepcionalmente boas fornecem um foco não visual, mas mentalmente vívido para contemplação.

4. Rituais e cerimônias

Cada tradição espiritual tem seu corpo de rituais, incluindo os diários e semanais, cerimônias ligadas ao calendário lunar ou solar e ritos de passagem. Esses rituais frequentemente têm suas raízes práticas espirituais antigas que são mantidas simplesmente como tradições. Movimentos de reforma na religião moderna frequentemente as rejeitam (por exemplo, muitas tradições protestantes o fazem em relação ao catolicismo romano, o judaísmo reformista, em relação à ortodoxia). Algumas gerações mais tarde, porém, eles voltam a elas. O ser humano precisa se conectar a ritmos naturais, com uma sensação de herança e com seu próprio corpo de modo sagrado. Os rituais nos capacitam a isso.

Há uma dimensão ainda mais profunda do que o ritual. Lembre-se de que, quando falei de *Binah*, disse que padrões ou modelos de uma tradição são depositados mentalmente nessa *sefirah*. Os rituais dão a esses padrões formas físicas. Eles são a estrutura da energia. São ricos em metáforas, símbolos e alusões, porque a metáfora é o vínculo entre as ideias (na mente, em Entendimento) e o físico e emocional (no corpo, em Perseverança e Entrega).

Tome, por exemplo, os rituais que usam árvores ou símbolos de árvores, que ocorrem em muitas tradições. A menorá, no judaísmo (os candelabros usados na celebração de Chanuká), é a imagem de uma árvore; a Árvore da Vida é uma metáfora da Torá e, como vimos, os cabalistas elaboraram a estrutura da árvore para explicar o cosmos inteiro. A procissão com o rolo da Torá incorpora o processo de trazer a Árvore da Vida e a luz divina oculta para o mundo. A árvore de Natal, originalmente dos rituais europeus antigos, é decorada com ornamentos sugerindo ricos frutos, bem como iluminação. Essas árvores sagradas sugerem vida, crescimento, conexão entre terra e céu e ramos que se estendem para o mundo e dão fruto.

Todo ritual tem seu repertório de metáforas que nos liga às profundidades indescritíveis em nosso interior, nos capacitando a aceitar a realidade coletiva da humanidade. Várias das *mitzvot* do judaísmo (mandamentos) são rituais nos quais elas fornecem conexões físicas com o modelo básico — por exemplo, em rituais e símbolos das festas, bem como na *mezuzá* colocada nos umbrais das portas (um estojo contendo alguns versos da Torá escritos num pergaminho) ou no uso do *tefilin* (filactérios, caixas de couro que também contêm versos, colocadas na cabeça e no braço) durante a oração. Várias delas se adaptam à categoria de atos físicos conhecidos como "testemunhas", para que percebamos em nosso corpo e no mundo material nossa conexão com Deus. O uso cristão da cruz ou do crucifixo fornece uma imagem visível e tangível, e o ciclo do ano litúrgico conecta vividamente as pessoas com a vida de Jesus, o que faz com que os cristãos realizem uma *imitatio Christi* ao longo das estações.

As formas de música e dança também devem ser mencionadas juntamente com o ritual. Apesar de não constituírem uma parte essencial de toda prática espiritual, várias tradições incluem ritmos, canto, melodia e dança como parte do ritual e da liturgia. No judaísmo, a música é vista como uma forma de nuance delicada que não apenas expressa o clímax da experiência espiritual para algumas pessoas, mas também pode ajudar na cura e na expansão da consciência, o que pode levar as pessoas adiante em sua busca por conexão com Deus. As vibrações da música penetram no corpo de modo diferente das revelações intelectuais. Semelhantemente, os hinos do cristianismo, desde cantos gregorianos até a música gospel, têm acompanhado vários movimentos espirituais importantes.

5. Confissão

A prática da confissão está ligada à oração, e também frequentemente a rituais tradicionais, mas merece atenção especial por si só. É impressionante como podemos avançar sem reparar em nossos erros ou, mesmo quando os notamos, sem os reconhecer. No extremo oposto, algumas pessoas são tão duras consigo mesmas que parecem estar constantemente pedindo desculpas, acreditando que são a causa de tudo o que acontece de errado ao seu redor.

É por essa razão que várias tradições têm ritualizado a confissão, inserindo-a numa estrutura fixa e em momentos definidos, de modo que ela não deixe de ser realizada, mas também de modo que ela não se torne uma preocupação insana. O judaísmo se concentra no Yom Kippur, o Dia da Reconciliação, que ocorre todo ano entre setembro e outubro. Durante os dez dias anteriores (e muitas pessoas começam a se preparar um mês antes), devemos rever nossa vida, consertar o que fizemos errado e não corrigido ainda e confessar nossos pecados a Deus. O Yom Kippur é o dia mais santo do calendário judaico por causa da intensa purificação realizada por meio de confissões, orações e jejum. Alguns judeus assumem práticas de autoexame e confissão durante o ano inteiro, por exemplo, antes da lua nova de cada mês, ou na sexta-feira à tarde antes do sabá.

Na maioria das outras tradições, ocorre algum tipo de autoexame, junto com a confissão ou discussão de problemas com uma pessoa mais experiente. No catolicismo romano, por exemplo, confessar pecados graves a um padre é o pré-requisito para se tomar parte na Eucaristia, assim como a confessar-se anualmente, à época da Páscoa. (Antes conhecido como penitência, esse rito agora é denominado sacramento da reconciliação.) Em algumas tradições, a confissão pode ser muito mais informal. Os protestantes rejeitaram a necessidade da confissão a um padre, mas os puritanos americanos tinham longas discussões com seus ministros para que os ajudassem a atingir a espiritualidade. Os metodistas originalmente usavam reuniões de grupo como um modo de compartilhar problemas, de esclarecer questões e de se fortalecer a fé reciprocamente. Nos tempos modernos, os encontros de doze passos (Alcoólicos Anônimos e programas semelhantes) têm a prática de "fazer o inventário", que é então compartilhado com algum membro mais experiente. Nas tradições monásticas, bem como nas *yeshivot* judaicas (seminários), as conversas com um diretor espiritual servem a um propósito semelhante.

Eu mencionei esses exemplos para indicar como, mesmo não sendo chamada de confissão, a ideia de dar uma boa olhada em você mesmo e depois falar sobre isso com alguém mais e/ou com Deus é abrangente. Falar é importante. E a outra pessoa tem a responsabilidade de responder honestamente, com profundo respeito e gentileza, para ajudar você em seu caminho; é por isso que frequentemente esse papel é assumido por um líder espiritual experiente. O ponto principal, obviamente, é se harmonizar, e não se massacrar. A meta é obter clarividência e aceitar que todos nós somos imperfeitos.

6. Caridade (no judaísmo, tzedaka*)*

Cada tradição ensina que aqueles que não tiverem renunciado completamente a suas posses devem praticar a caridade, doando uma parte do que têm aos que possuem menos, ou apoiando iniciativas que melhorem a condição física ou espiritual dos outros. O objetivo espiritual dessa prática é nos ensinar a doar cada vez mais de nós mesmos, de modo a reconhecer que nossa vida não nos pertence. O erudito do século XIX, Samson Raphael Hirsch escreveu: "Você não possuirá nada enquanto só o tiver para você mesmo [...] só possuirá algo quando o compartilhar com os outros. Quando tiver experimentado a suprema alegria do dar, então se alegrará na grande tarefa para a qual Deus o chamou — para ser uma bênção".[6]

Os dois tipos principais de caridade estão vinculados às *sefirot* diretamente acima de Esplendor, a saber, Expansividade e Restrição. Quando deixamos Expansividade fruir através de nós, estamos doando e apoiando a outros. Quando agimos com Restrição, estamos praticando o ato de não prejudicar aos outros e ao nosso ambiente. Essas duas atividades podem se relacionar a um elemento de sacrifício pessoal. Na verdade, a caridade é um tipo natural de sacrifício — um abrir mão das coisas às quais o ego pode se ligar.

Há três aspectos principais quando deixamos *Chesed*-Expansividade fluir através de nós em direção a outros. Cada um desses aspectos toma um sem número de formas nas configurações individuais da nossa vida: os presentes materiais que doamos para sustentar outros, as dádivas emocionais do cuidado com outros e os dons mentais do ensino aos outros. O reino físico começa com o mais elementar, como, por exemplo, a doação da vida ao nos tornarmos pais e mães, e do alimento, roupas e abrigo a crianças ou a outros que não conseguem se sustentar. Inclui-se aqui também o cuidado com plantas e animais, quer estejam em nossa casa ou em ambientes maiores. A cura de pessoas (ou plantas ou animais) no reino físico também faz parte dessa doação. Podemos ainda fornecer ajuda financeira àqueles que realizam algo para o bem-estar geral, algo que nós mesmos não podemos fazer — esse é outro aspecto do conceito de caridade.

Doar emocionalmente significa estar disponível a outros, oferecendo o presente do seu tempo e de um coração sensível. Também significa compartilhar seus sentimentos, de modo que a sensibilidade de outros também seja despertada. Esse doar pode acontecer em casa ou na vida profissional, ou mesmo simplesmente nos contextos sociais dos quais você normalmente faz parte. Até mesmo a simples doação da amizade ou companheirismo pode ser uma contribuição importante à vida de outra pessoa. Em muitos casos, como no cuidado com crianças e nas profissões da área de saúde, a doação emocional sobrepõe a física, mas tem seu próprio valor diferenciado.

Doar mentalmente significa compartilhar seus pensamentos, e não simplesmente as palavras que saem da sua boca, mas seus pensamentos amadurecidos. Quando você os doa ao mundo, se torna um mestre. Sua perspectiva é única e valiosa. Ao tratar outros como seus mestres, você também os estimulará a desenvolver seus pensamentos.

O outro lado da caridade é a não agressão, ligada à *sefirah Guevurah*-Restrição. Em algumas tradições, como o jainismo (uma antiga religião da Índia), essa prática consiste de um grande esforço em não ferir nem mesmo insetos. Na maioria delas, aparecem versões mais moderadas dessa ideia. "Não faça aos outros aquilo que não gostaria que fizessem a você" é a maneira como o rabino Hillel, que viveu no primeiro século, formulou esse princípio no judaísmo. "Faça aos outros o que gostaria que fizessem a você", é a versão das escrituras cristãs. A lei judaica também inclui mandamentos de não causar angústia a seres humanos e animais, não destruir árvores frutíferas e não desperdiçar as coisas. Em certo sentido, todos os "preceitos negativos" — isto é, proibições — são meios de restringir o ego de modo a não prejudicar o mundo.

Todas essas práticas estão compreendidas no dom espiritual que cada um oferece ao mundo, ao ser um exemplo. Quando você for um exemplo positivo para os outros, estará vivendo o mais próximo que puder de sua alma. Isso é expressão numa oração muito conhecida, adaptada de São Francisco de Assis:

> Senhor, fazei-me instrumento de vossa paz.
> Onde houver ódio, que eu leve o amor;
> Onde houver ofensa, que eu leve o perdão;
> Onde houver discórdia, que eu leve a união;
> Onde houver dúvida, que eu leve a fé;

Onde houver erro, que eu leve a verdade;
Onde houver desespero, que eu leve a esperança;
Onde houver tristeza, que eu leve a alegria;
Onde houver trevas, que eu leve a luz.
Ó Mestre, fazei que eu procure mais
Consolar, que ser consolado;
Compreender, que ser compreendido;
Amar, que ser amado.

7. Disciplina física

Nos tempos antigos, a disciplina física normalmente consistia de práticas ascéticas, como o jejum voluntário, e, frequentemente, em tradições não judaicas, do celibato durante parte ou a totalidade da vida adulta. Hoje ela pode significar exercício consciente e regular. Disciplinar o corpo é parte da ampliação da consciência da pessoa.

A enorme complexidade do ser humano e a variedade de estimulantes disponíveis na moderna cultura ocidental resultam em situações em que nosso corpo faz coisas que não foi projetado a fazer. Ficamos muito sentados, concentramo-nos em "nossa cabeça", pensando, planejando e falando sozinhos por muito tempo, e temos acesso fácil a uma ampla gama de comida e bebida, para não mencionar drogas e cigarros, que podem desequilibrar nosso físico. Quando tentamos impor a disciplina, normalmente temos sistemas de apoio muito fracos (em contraste, por exemplo, aos monges num mosteiro). Alternamos entre o relaxamento e o exagero na disciplina. O grande sábio Maimônides, que também era médico, aconselhou moderação em tudo, além de atenção cotidiana à saúde do corpo.

Várias práticas espirituais incluem uma disciplina física, como o yoga ou tai-chi. Apesar de os profetas judeus da antiguidade terem aparentemente usado posturas físicas em suas iniciativas de atingir a revelação profética,[7] a cabala não desenvolveu nenhuma prática distinta ou universal. Os rabinos preocupados com a saúde recomendavam exercícios físicos como a caminhada para pessoas demasiadamente sedentárias, o que incluiria muitos de nós hoje em dia! Podemos concluir então que qualquer prática revigorante, aliada à disciplina relacionada à alimentação e ao sexo é adequada para a maioria das pessoas.

8. Comunidade

Finalmente temos a prática do apoio ativo à comunidade. Para aqueles que trilham seu próprio caminho individual ou para os que tendem a pensar globalmente, nem sempre é fácil. Nossa responsabilidade, no entanto, não termina com nossos pequenos círculos de companheiros de viagem; também requer que contribuamos com a comunidade maior. O judaísmo sempre se fundamentou no conceito de um "povo" e na realidade concreta de uma comunidade, que significa uma sinagoga ou uma vizinhança. Precisamos, enfim, nos lembrar de que nossos atos refletem, como espelhos, nossa comunidade maior, seja aperfeiçoando-a, seja depreciando-a. Sempre estamos representando algo mais do que simplesmente a nós mesmos, e instruindo outras pessoas à medida que crescemos. Essa é uma verdade em nível familiar, comunitário e de identidade religiosa. A consciência comunitária precisa fazer parte da nossa prática espiritual. Os rabinos ensinaram: "Não te afastes da comunidade" (*Avot* 4:7).

Ser inteiro

A prática é essencial, mas podemos às vezes nos enganar e pensar que ela *é* nossa espiritualidade. Ela é apenas isso — prática. Todos os especialistas, como o pianista, o corredor, o ferreiro, praticam para adquirir as habilidades que os transformam em mestres. Praticamos nossas habilidades espirituais para dominar a arte da divindade. Os mestres são aqueles que praticam suas artes com integridade total e envolvimento do eu, de todo coração. O mesmo vale para a prática religiosa.

A meta é expressa na frase bíblica: "Serás inteiramente do Senhor teu Deus" (Deuteronômio 18:13). A meta é se tornar completamente um com nosso eu mais profundo e com a fonte infinita. Se pensarmos que o ato de meramente praticar se iguala a sermos esse eu unido à fonte, acabaremos em grande confusão. O filósofo medieval Maimônides escreveu que a maioria dos mandamentos da lei judaica, que são amplas prescrições sobre o *fazer*, tem como sua meta o *ser* — o modo de ser que é um canal para o Divino.[8]

Algumas pessoas, por exemplo, se envolvem muito em trabalhos de caridade de sua igreja, sinagoga ou organização comunitária, e veem esse envolvimento como uma prática espiritual. Na realidade, ele tem duas funções importantes: primeiro, apoia a organização; segundo, é uma disciplina na qual os indivíduos podem praticar a bondade. As duas são bastante adequadas. A primeira função é doar nosso tempo em retribuição pelo que recebemos da organização. Ela é principalmente um tipo de reciprocidade social, em nível das *sefirot* Perseverança e Entrega. Ela apoia uma boa instituição social de "companheiros", mas não é necessariamente espiritual. A segunda função para essa atividade pode ser a prática real, isto é, trabalhar em nós mesmos por meio da prática espiritual da caridade, nutrida pela *sefirah Chesed*-Misericórdia. Se, quando praticamos a caridade, nos tornarmos conscientes do que acontece conosco e com os outros que servimos, se literalmente "levarmos a coisa a sério", tornando-nos conscientes de nossas emoções, esses atos começam a nos transformar. Quando nos permitimos sentir e pensar sobre o que estamos fazendo, as atividades relacionadas à caridade nos ajudam a nos tornar inteiros no envolvimento com o projeto divino. Nossos atos não se relacionam mais a apenas *fazermos* o necessário para apoiar uma estrutura social, mas também a *sermos* pessoas diferentes. A integração se desenvolve na *sefirah Tiferet*-Esplendor.

O mesmo pode ser dito de qualquer aspecto da prática. O ritual pode se transformar na forma vazia ou pode ser a arquitetura da energia divina. Obedecer a regras pode se tornar um exercício robótico ou um ato de profundo amor de Deus. A oração pode se transformar em palavras repetidas ou num fluxo do coração, incendiado com *kavanah* (intenção pura). Até mesmo a meditação, que pode levar a uma satisfação interior profunda, pode se tornar uma ocasião para se cair no sono, literal ou metaforicamente. Nossa prática deve ser examinada de tempos em tempos para vermos se ela continua nos mantendo acordados e nos despertando para novos níveis, ou se está se transformando numa muleta para nosso ego, nos mantendo presos em nossos personagens. O que queremos, em vez disso, é que Esplendor — nosso verdadeiro ser interior — brilhe por meio de Manifestação. Queremos que nossa luz seja revelada em nossa prática, de modo que as duas sejam realmente uma só.

Se nos tornarmos apegados a qualquer área da prática, precisamos detectar de que apego se trata. Está relacionado ao ego, a estampar o rosto correto diante do mundo exterior? Ou será que nossa fascinação está sugerindo algo mais profundo, que precisamos aprender sobre nós mesmos? Se amarmos os rituais externos, talvez seja porque precisamos desenvolver nosso próprio sentido de cerimônia e dinâmica energética. Se nos lançarmos no trabalho de caridade, pode ser porque precisamos desenvolver nossa ligação cordial com outros. Se estivermos apegados a um mestre, talvez ele reflita a sabedoria escondida dentro de nós. A chave aqui é nos conscientizar do que cada matéria, ou cada fator externo que recebemos, toca em nosso interior. Cada elemento da prática também é nosso mestre, e é a maneira como nos tornamos nossos próprios professores.

Então, chegar ao seu verdadeiro eu não significa que você não precisa mais seguir regras ou realizar as atividades da prática. Ao contrário, você terá encontrado muito mais significado nas regras, e as terá interiorizado, transformando-as em sua realidade. Uma famosa história zen conta que um monge, antes de começar a praticar, trabalhava num mosteiro, rachando lenha e carregando água. Então, parou com tudo para meditar até encontrar a iluminação. E o que faz agora? Racha lenha e carrega água.

A missão da alma

Quando levamos nossa vida espiritual mais a sério, frequentemente descobrimos que cada vez mais responsabilidades nos são atribuídas. Podemos achar, por exemplo, que precisamos separar mais tempo para meditação e oração, pois não nos sentimos bem quando tentamos realizar essas atividades superficialmente e com pressa. Ou podemos achar que as pessoas inesperadamente batem à nossa porta ou nos telefonam em horas inadequadas para pedir ajuda ou nos contar seus problemas. Mesmo pensando que nos retiraríamos dos negócios do mundo para nos comprometer com a espiritualidade, agora temos tanto trabalho quanto antes — mas sua qualidade é superior e requer mais do nosso eu mais profundo.

Essas mudanças em nossa vida são sinais de que estamos crescendo em nosso *status* espiritual, tendo permissão para fazer mais para Deus. Como analogia, pense num emissário enviado em missões específicas. À medida que ele prova seu valor, recebe missões cada vez mais difíceis e árduas. Ele aperfeiçoa suas habilidades, se torna mais seguro, e com o tempo chega ao ponto em que é capaz de cumprir com as ordens de seus superiores em situações bastante inusitadas, com um alto grau de fidelidade à sua intenção.

Do mesmo modo, você tem uma missão na Terra, missão essa que está descobrindo agora. Você deve cumprir a vontade de Deus, ficando aqui, com os talentos específicos que você carrega em cada situação — com o brilho de sua luz individual. Você sabia disso quando veio para cá e se esqueceu disso no ventre de sua mãe. Com o tempo, porém, vai cumprir tudo para o qual foi criado. Um de meus mestres chama essa missão de "contrato de alma" com Deus. Você e Ele a formularam antes de você vir. Você ajudou a decidir os termos e condições do contrato. Você se esqueceu, mas agora, quando os estiver cumprindo, você saberá.[9]

Pense em momentos da sua vida em que você sentiu "Esse sou eu realmente!" Pode ter sido por um breve instante de êxtase quando você completou uma tarefa ou teve alguns momentos para fazer exatamente o que queria. Ou pode ter sido bastante tempo, durante o qual você teve um trabalho verdadeiramente compensador, ou quando você foi realmente capaz de se expressar para alguém. Ou um período de intensa criatividade, durante o qual você simplesmente se esqueceu do mundo. Ou ainda um momento em que você fez face à pressão e resistiu às expectativas dos outros, sabendo que precisava ser um exemplo de integridade. Naquele momento, você estava livre de dúvidas em relação a você mesmo, arrependimento ou preocupação, livre de exigências, a não ser sua própria motivação interior, e imediatamente presente ao que quer que estivesse ao seu alcance.

Essa sensação de presença imediata é a realidade da verdade: de sua verdade individual. Nesse momento, você fez parte do que é chamado de carruagem de Deus, representada na visão de Ezequiel sobre a carruagem (Ezequiel 1); você estava manifestando sua imagem divina da maneira mais completa possível naquele momento. Estava se conectando com a unidade, não no nível abstrato do pensamento, meditação ou sonho, mas em total e desperta consciência.

Eu já vi esse maravilhoso evento acontecer algumas vezes com outras pessoas. Mencionei neste capítulo meus conhecidos que sobreviveram ao Holocausto se escondendo quando crianças. Um deles era meu marido, que durante décadas não falou sobre os horrores de sua infância. Apenas na meia-idade, à medida que cada vez mais sobreviventes falavam, ele começou a frequentar reuniões e a compartilhar suas histórias com os outros. Ainda assim, ele tinha consciência de que fazia isso de modo frio, como se tudo tivesse acontecido com outra pessoa.

Os anos se passaram. Finalmente, em 1998, ele decidiu reunir amigos e parentes e contar sua história de modo mais completo. Foi ótimo eu estar lá, porque foi um desses momentos de verdade. Ele tinha decidido contar a história, não em torno do tema sofrimento e horror, mas da gratidão. Junto com cada detalhe, cada acontecimento excruciante que consistia de correr, se esconder, escapar da Gestapo e se esconder de novo, ele tinha uma história de gratidão para contar. Não somente para com os não judeus que esconderam ele e seus pais, mas por cada incidente e cada pessoa que os ajudou em sua jornada; e gratidão a Deus.

O brilho irradiante daquela noite foi inesquecível. Frequentemente a expressão de nossa verdade dura apenas um momento para nós — nosso "momento de glória", como dizemos às vezes. Mas um acontecimento não é menos brilhante e poderoso pela rapidez de sua existência no tempo linear.

À medida que nos desenvolvemos espiritualmente, esses momentos podem ocorrer mais frequentemente e durar mais. Cada vez que vivenciamos uma sensação mais longa de nossa ligação com Deus e com nosso propósito verdadeiro, é como se um véu fosse erguido. À medida que esses véus desaparecem, um a um, a luz do verdadeiro eu brilha cada vez mais claramente. Em vez de nos parecermos com uma velha lamparina empoeirada, usamos nossos trajes espirituais como uma janela de vitrais num dia brilhante de sol. Em nível social, porque vibramos com nossa verdade interior, reconhecemos que não somos meramente parte da sociedade, mas que também temos a responsabilidade de criar e de doar a ela. Podemos contribuir com nossa própria energia criativa para construir um mundo melhor para vivermos. Em nível espiritual, nossa ligação com a verdade interior nos capacita a direcionar nossas orações, meditações e toda nossa orientação mental, emocional e física em direção a uma realidade maior, além do nosso eu pessoal. Nossos momentos de ligação com o eu superior e com nossa fonte divina revelam que somos criativos, amorosos e generosos em nossa própria essência. O que queremos antes de tudo é expressar completamente essa plenitude do ser. Em nosso eu mais profundo, queremos ser totalmente verdadeiros em relação à nossa missão. Queremos ser responsáveis e responsivos, a partir do próprio núcleo do nosso ser. Sem essa responsabilidade total, essa responsabilidade quase divina, a vida humana não é mais significativa do que a de um animal. Heschel escreveu: "Para ser um homem, uma pessoa precisa ser mais do que um homem".[10]

Observe novamente a Árvore da Vida. A *sefirah Tiferet*-Esplendor está numa linha que vem diretamente de *Kether*-Coroa, a flecha da alma. Por causa dessa conexão, *Tiferet*-Esplendor é um lugar de unidade, apesar das dualidades que a puxam para cada lado. Podemos dizer que é o lugar onde nos tornamos conscientes de sermos realmente nós mesmos.

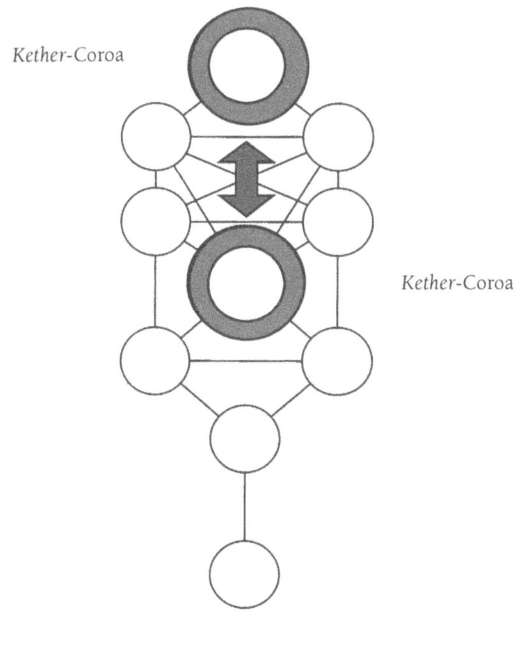

8

Revelando sua alma

A palavra existe para o corpo, mas a sinfonia vive para o espírito. Toda a criação é uma sinfonia... que é alegria e júbilo.

— *Hildegard Von Bingen, Symphony of the Harmony of Celestial Revelations*

A luz irradia de dentro para fora

O esforço da prática abre novos portais. Nossa determinação cada vez maior em assumir a responsabilidade por uma vida de propósitos — a obra de *Tiferet*-Esplendor — expande nossos horizontes e nos dá uma nova visão. Já que não nos vemos mais como vítimas das circunstâncias, começamos a compreender que as experiências de *Guevurah*-Restrição, que pareciam castigo, são na realidade dons. E já que estamos nos tornando humildes e restringindo nosso ego, começamos a reconhecer as experiências de *Chesed*-Expansividade como grandes bênçãos, em vez de as menosprezarmos como coincidências ou de darmos todo crédito a nós mesmos. Essa percepção refinada dos acontecimentos nos sintonizará ainda mais completamente com os movimentos espirituais no mundo. Mesmo ainda vivendo num universo de dualidade, podemos agir com menos resistência e mais aceitação. Além disso, à medida que desenvolvermos a oração e a meditação, descobriremos que práticas como a visualização, que evoca padrões espirituais fundamentais, nos capacitam a penetrar na matriz de *Binah*. Quando aprendemos a esvaziar nossa mente e a nos tornar mais receptivos, podemos até reconhecer a iluminação de *Chochmah*-Sabedoria.

Tradicionalmente, todo esse desenvolvimento é representado como "subida" para reinos superiores. À medida que entendermos as coisas mais profundamente neste capítulo, no entanto, essas mudanças poderão ser mais bem descritas de modo diferente. À medida que nos elevamos, tornando-nos mais conectados em nossas orações, percebemos nossa história pessoal — nossa vida "inferior" — em tons diferentes. À medida que meditamos mais, nos tornamos mais compassivos em relação aos outros e por isso interagimos com eles de modo diferente. À medida que refinamos cada elemento de nosso caráter, nossos atos se harmonizam mais com o verdadeiro propósito de nossa alma, o que, por sua vez, nos capacita a entrar em oração e meditação com maior tranquilidade e pureza de intenções. Gradativamente, a luz da alma "acima" iluminará toda a lamparina, fazendo nosso rosto irradiar de alegria, nosso coração de amor, e nossas mãos que tocam, nossa boca que fala e nossos pés que pisam firmemente no solo do mundo espalhar gentileza e poder.

Que promessa! Como isso pode acontecer? A verdade mais profunda é que o tecido da consciência, desde seu nível molecular até o Divino, reage ao nosso movimento com propósito. Quando fazemos escolhas, nossos atos criam uma série de acontecimentos que, com o tempo, retornam para nós de alguma maneira. No judaísmo, isso é descrito como *midah k'neged midah*, como na expressão "medida por medida". Quando exercemos nosso poder com consciência, o universo responde e exerce o seu em retorno — em todos os níveis, desde o duro mundo físico do solo que cavamos em nosso jardim até as plantas e animais, desde outros seres humanos com quem interagimos até entidades espirituais, e finalmente Deus. O físico David Bohm descreveu isso claramente no final do século XX:

> Se abordarmos o mundo abarcando sua unidade em nossa consciência, e então agirmos com amor, esse mundo, que envolve nosso próprio ser dentro de si, responderá de modo correspondente. Isso pode obviamente acontecer no universo social. Mas até mesmo o mundo natural cessará de reagir com a deterioração devida à poluição, à destruição das florestas, etc., e começará a agir de modo mais ordenado e favorável.[1]

Podemos descrever o desenvolvimento espiritual em direção ao amor e à unidade, não como uma subida, mas como uma espiral. Agimos com o coração, de todo coração, indo, com oração e meditação, "para acima", ou "para o interior", atingindo níveis mais elevados de consciência, e movendo-nos "para abaixo" e "para o exterior" por meio da compaixão pelo mundo, os reinos inferiores de nossa vida. A menos que participemos do movimento nas duas direções, nosso crescimento espiritual será entravado. Precisamos nos tornar não apenas místicos, buscando a transformação interior, mas também profetas, trazendo a palavra de cura e de transformação para o mundo exterior.

Podemos começar a ativar essa espiral ao reconhecermos os anjos.

Um coro de anjos

Todo acontecimento é uma mensagem de Deus. Às vezes você está no metrô, envolvido em seu jornal, quando subitamente nota uma conversa ao seu lado. Alguns minutos mais tarde, se concentra em seu jornal novamente. Por que sua consciência despertou naquele exato momento? A cabala diz que era uma mensagem que você estava destinado a ouvir. Por quê? Um aviso da parte de Restrição? Uma bênção portadora de tranquilidade e conforto, de Expansividade? Sua tarefa é decodificar a importância da mensagem em sua vida. A palavra mensageiro em hebraico (*malach*) também significa "anjo". Anjos são encontros com energias direcionadas, enviando-nos mensagens, muitas vezes atraindo-nos numa direção positiva, às vezes nos avisando e nos afastando do perigo. Eu usarei a palavra *anjo* bem amplamente, para descrever uma grande variedade de experiências bastante comuns que parecem pessoais, energéticas e que trazem informações diretamente úteis a nós. Vivenciamos essas energias relacionadas a lugares, a pessoas e às dimensões intangíveis da vida. Apesar de inicialmente parecer um pouco estranho usar o termo dessa maneira, ele está de acordo com a insistência dos místicos de que os anjos existem a cada nível do ser. Usando uma analogia da física moderna, anjos diferentes existem em frequências diferentes. Assim como ouvimos diversos tipos de música e de conversas quando sintonizamos diferentes cumprimentos de onda de rádio, os anjos "aparecem" para nós de maneiras diferentes.

Expansividade é vivenciada como amor incondicional, como bênção além dos nossos sonhos mais loucos, como beleza e deleite que tiram nosso fôlego. Muitas vezes aqueles que escrevem sobre suas experiências na natureza expressam isso melhor. O naturalista John Muir escreveu o seguinte durante uma de suas visitas às montanhas da Sierra Nevada, final do século XX:

> Aqui a calma é tão profunda, que o capim para de ondular [...]. É maravilhoso como absolutamente tudo na natureza selvagem se adapta a nós, como se fosse verdadeiramente parte nossa e de nossos pais. O sol não brilha sobre nós, mas em nosso interior. Os rios não passam por nós, mas através de nós, vibrando, tilintando cada fibra e célula da matéria de nosso corpo, fazendo com que deslizem e cantem. As árvores balançam e as flores se abrem em nosso corpo e em nossa alma, e cada gorjeio dos pássaros, cada canção do vento, a melodia tremenda da tempestade das rochas no coração das montanhas é nossa música, nossa própria música, e canta nosso amor.
>
> A música de Deus, soando e soando para sempre. Tão pura e segura e universal em sua harmonia que, não importa onde estejamos, onde nos estabeleçamos nas planícies baixas e selvagens, não queremos ir para as montanhas, e,

quando nas montanhas, não queremos descer às planícies. No entanto, assim que somos absorvidos pela harmonia, planície, montanha, calma, tempestade, lírios e sequoias, florestas e campos são apenas feixes diferentes de Luz multicolor — apenas um sob os raios do Sol![2]

Essa sensação de se estar "totalmente em casa", de ser sustentado, mimado e ligado ao mundo ao nosso redor é a manifestação de Expansividade. Veja isso em sua própria vida: pense nos momentos e lugares em que se sentiu rodeado de bênçãos, seja na beleza da natureza, durante alguma atividade ou entre as pessoas para quem você era especial.

Um tipo de experiência angélica ocorre quando nos perdemos, quando nosso sentido de limites entre nós e o mundo se dissolve. Não é uma experiência intelectual, em que nos desprendemos dele e penetramos em nossa mente, mas um lugar em que vivenciamos o mundo ou algum aspecto dele de modo tão intenso que parece nos tomar. Às vezes acontece na natureza, quando nos sentimos parte de tudo ao nosso redor de modo tão intenso que perdemos a consciência de nossa diferença em relação à paisagem. A experiência estética pode também trazer essa sensação de desaparecimento. Você se sente elevado com algumas músicas, ou pode passear por uma exposição num museu e ficar tão absorvido que o tempo e o espaço parecem se dissolver. Eu ainda me lembro de uma exposição de Cézanne há mais de vinte anos no Museu de Arte Moderna de Nova York, quando fiquei sem ar diante de uma série de estudos desse grande pintor, todos da mesma cena, cada um levemente diferente do outro. Eu me perdi do meu grupo, e só depois de muito tempo, talvez uma hora naquela sala, consegui voltar a mim mesma.

Essas experiências são tão marcantes que tendemos a falar delas como passivas: "Eu fui atraída por aquele quadro", "Eu me senti enlevado pela música". Nesse momento, fomos tocados e nos entregamos ao mundo como ele é oferecido a nós apenas de vez em quando. Sentimo-nos apoiados e honrados pelo universo e acolhemos ativamente essa generosidade. Essa experiência significa que Deus enviou anjos de *Chesed*-Expansividade para nos elevar e nos envolver, como numa nuvem de perfeição, e nós nos expandimos em retribuição.

Apesar de algumas experiências serem raras, como no encontro com a arte extraordinária, outros anjos vêm como fontes regulares e tangíveis de apoio na forma de coisas que amamos. O tremendo isolamento do deserto pode deliciar uma pessoa, a intimidade de um riacho na floresta pode nutrir outra. Você pode preferir se sentar tranquilamente com um amigo, enquanto seu vizinho pode ser atraído pelo barulho agitado do centro da cidade. Essas preferências nada têm a ver com seus talentos — com o que você pode *fazer*. Em vez disso, essas são forças que o ajudam a ser a pessoa que você é lá no fundo. Poderíamos dizer que, se você for um amante do deserto, o anjo do deserto vem apoiar você quando você está lá; não somente quando viaja para lá fisicamente, mas também quando o visita em meditação ou contemplação.

Outro tipo de anjo ainda aparece como a sensação de proteção do perigo, como quando a religião popular fala de anjos da guarda. Eu me conscientizei da proteção angélica pela primeira vez quando viajei pelo Arizona e Novo México no alto verão, apenas para descobrir, quando parei para abastecer, que meu carro estava prestes a explodir. O frentista do posto me olhou espantado e disse: "Alguém estava viajando com você". Apesar de eu ter ficado envergonhada por ter prestado tão pouca atenção ao meu veículo, quando ele disse essas palavras fiquei arrepiada e reconheci, lá no mais profundo de mim mesma, que ele estava certo.

Cada uma dessas experiências aponta para reinos mais superiores, onde nossa alma é alimentada, frequentemente de modo regular e previsível. É importante perguntar a você mesmo que aspectos do seu mundo — que tipo de locais, atividades, horas do dia — apoiam e alimentam você. Onde você se conecta com os anjos que acompanham você? Pode ser perto da árvore do seu jardim ou em seu computador (será que há um anjo dançando em meu monitor agora?), em sua próxima viagem de avião ou em seu local de adoração, no trabalho intelectual ou quando você participa de um evento esportivo. Quando você decide ir a algum lugar ou realizar alguma atividade que parece um de seus pilares de apoio, pense nisso como um espelho para o verdadeiro amor de sua alma — e que Deus ama você por meio dessa experiência.

Alguns aspectos da experiência vão além dos anjos da natureza ou de energias angélicas que infundem tudo que é criado por mãos humanas. Aqui é onde encontramos, nos contextos tradicionais, a palavra *anjos* usada com mais frequência: uma experiência sobrenatural, que acontece com tanta força e clareza que a energia angélica parece tomar forma quase humana. Relatos dessas experiências ocorrem quase universalmente nas tradições religiosas, incluindo o judaísmo. Voltando à própria Bíblia, descobrimos que anjos foram a Abraão disfarçados de viajantes na estrada, um anjo montava guarda no Jardim do Éden segurando uma espada, e um anjo temível ficou no caminho de Balaão e de seu asno. Jacó lutou com um anjo, que os comentaristas identificaram como sendo o de Esaú, seu irmão gêmeo. Ocasionalmente, profetas como Ezequiel e Isaías viram em suas visões anjos com rostos diferentes e com características não humanas, anjos com asas ou muitos rostos, anjos em forma de rodas com olhos, anjos de fogo.

Às vezes as energias angélicas realmente se fundem ao redor dos seres humanos. Sentimos uma energia especifica de alguém, de amor, apoio e orientação. É difícil dizer se esse atributo inusitado está vindo da personalidade natural da pessoa, da natureza do relacionamento, ou de algo que transcende a interação humana. Mas é uma bênção especial ter um amigo, um mestre ou um grupo de apoio assim. De vez em quando, você descobrirá uma pessoa ou grupo que o apoia contínua e inequivocamente e que faz com que você baixe a guarda e transcenda seu próprio ego.

Minha experiência pessoal mais dramática com um acontecimento desse tipo veio depois de eu ter tentado escrever um romance (um desafio interessante para uma pessoa muito crítica). Esse romance era em parte sobre um grupo de pessoas que escolhia novos membros de acordo com os atributos espirituais de sua alma. Depois de vários meses de luta, desisti de escrevê-lo. Então, aproximadamente um mês depois, fui apresentada a um grupo de mulheres que estudavam seus sonhos e os atributos espirituais de sua alma! Sem saber, eu evocara minha própria hoste de anjos. Esses dons são grandes bênçãos, ainda mais porque são surpresas. E às vezes os anjos que vivenciamos na forma humana são ainda mais extraordinários do que os puramente "energéticos".

Outra experiência angélica pode ocorrer após a morte de um ente querido, na forma na qual ele se apresenta para entregar uma mensagem — como um anjo — normalmente a um amigo querido ou a um parente ainda na Terra. Frequentemente, as pessoas me contam do aparecimento de seres amados em sonhos; às vezes também aparecem quando estão acordados. Uma mulher me contou que, após a morte de sua irmã, ela foi passear no bosque atrás da casa. "Subitamente eu ouvi o som de uma linda música e vi a forma de minha irmã, caminhando com algumas pessoas que eu não reconhecia, bem na minha frente. Ela estava muito feliz." Eu, pessoalmente, recebi a graça de saber que minha mãe estava sendo acompanhada por anjos familiares — suas próprias irmãs — em sua viagem para o além. Depois de a casa de repouso ter me ligado para avisar que ela tinha falecido, eu me dirigi para lá o mais rápido que pude. Enquanto descia pela autoestrada, inesperadamente vi, bem acima do capô do meu carro, a forma de suas duas irmãs mais velhas, que ela amava muito e que tinham morrido há muitos anos. Essas experiências tendem a ser mais fortes perto do momento da morte porque, como muitos escritores têm observado, os véus entre o mundo inferior e superior se tornam mais finos nesse momento, de modo que podemos "ver" os anjos ou as almas que vêm para nos consolar.[3]

Ainda assim, esses acontecimentos nem sempre ocorrem imediatamente após a morte. Meu marido ficou admirado ao sentir a presença do seu falecido tio, Max, de outro modo. Vários anos após a morte dele, meu marido fez as preces tradicionais na sinagoga no dia do aniversário da morte de Max. Mais tarde naquela manhã, ele estava limpando a garagem e achou uma caixa de fitas antigas, algumas das quais sem identificação. Ele colocou uma delas no toca-fitas para ver do que se tratava e imediatamente ouviu a voz de Max. Finalmente ele descobriu que Max tinha gravado uma saudação para meu marido, muitos anos antes, para abençoá-lo. A fita tinha ficado guardada desde então entre as posses da família, esperando pelo dia em que um anjo pudesse entregar a mensagem de Max.

Anjos e outras almas realmente nos oferecem apoio. Um texto judaico antigo ensina que diante de cada ser humano caminha uma hoste de anjos, gritando: "Abram caminho para a imagem do Único, Bendito seja Ele!" Talvez esse seja o mais encantador grupo de anjos. Que possamos ser abençoados ao vê-los a cada vez que encontramos outra pessoa.

Os desafios da vida

As experiências de Expansividade podem nos elevar tanto que às vezes ficamos apavorados quando o outro lado aparece. Os Anjos da Restrição são frequentemente os guardiões do sagrado, como aquele na entrada do Jardim do Éden, e sua função é lembrar-nos de onde não podemos ir. Outros são desafiadores, como o anjo de Esaú, que lutou corpo a corpo com Jacó. Em nossa vida cotidiana, tendemos a pensar nesses anjos como as lições que devemos aprender. Diferente dessas lições tantas vezes dolorosas dos níveis inferiores, porém, os anjos de Restrição vêm como correções em meio de curso ou ajustes finos em nossa direção na vida. Quando alcançamos o nível em que agimos a partir do coração-espaço de *Tiferet*-Esplendor, vibramos na mesma frequência do nosso eu central a maior parte do tempo. Aqui sabemos que até mesmo as coisas "ruins" na vida são métodos para aperfeiçoar nossa capacidade de realizar nosso propósito na Terra. Ou, como o Reverendo Dr. Martin Luther King Jr. disse: "Nunca podemos viajar para onde os braços do Divino não nos alcançam".[4]

Às vezes, Restrição é uma experiência puramente espiritual. Por exemplo, nos sentimos fracassados em nossos esforços em realizar algumas tarefas, ou em ajudar outras pessoas, e começamos a nos perguntar se nossa vida realmente faz sentido. Podemos nos sentir incapazes de orar, mas ao mesmo tempo nos sentimos necessitados e ansiosos. Perguntamos a nós mesmos se estamos sozinhos no universo. O grande rabino Joseph Soloveitchik, um dos homens mais eruditos no judaísmo e nas ciências seculares do século XX, escreveu esse aspecto da experiência em seu livro *Lonely Man of Faith*. Ele acreditava que a humanidade tinha duas dimensões. Uma denominada "Adão majestoso", o lado que nos leva a dominar nosso ambiente e a criar o mundo. A outra é a do "Adão solitário", um aspecto que parece intocado por nossas conquistas não completadas, não importa quão cheios de amor e compensadores sejam nossos relacionamentos.

A solidão pode ser apavorante, mas quando reconhecemos que é meramente uma passagem para outra dimensão de relacionamento com Deus, podemos caminhar através dela. Estão nos pedindo para desenvolver um relacionamento muito particular e pessoal com Deus. É como se Ele estivesse dizendo: "Não posso ser sempre e abertamente encontrado em minha vasta criação. Venham e me encontrem em segredo". O mensageiro que nos chama para nos voltar para nosso interior — como Isaque, que "cavou mais fundo" as fontes de seu pai — vem a nós de *Guevurah*-Restrição.

Às vezes os anjos de Restrição aparecem em experiências exteriores, tornando nossa vida mais difícil. Vários dos maiores místicos e reformadores religiosos do mundo foram perseguidos ou, pelo menos, sujeitos a grande controvérsia. Até mesmo hoje, as pessoas que trilham um caminho espiritual podem ainda encontrar oposição ou ceticismo. Mais frequentemente, Restrição parece na forma de um grande desapontamento, por exemplo, com um mestre ou amigo com quem contávamos, ou um ferimento ou doença que exige que enfrentemos a nós mesmos. Os grandes mestres espirituais dizem que todos os que trilham um caminho espiritual devem enfrentar esses desafios de tempos em tempos, porque eles nos ajudam a lutar contra a potencial inflação do ego que vem com o crescimento espiritual. Como podemos ver na vida de muitos gurus modernos e líderes religiosos de todas as denominações, ninguém está livre desse perigo.

Cada expansão deve encontrar um limite, assim como a lava do vulcão em erupção com o tempo se resfria no mar. Nosso crescimento espiritual também será provado. Se aceitarmos o desafio, podemos descobrir ensinamentos ou pessoas importantes que possam aprofundar nosso caminho. Isso aconteceu comigo de maneira sutil quando tive um problema no ombro que simplesmente não melhorava sozinho. Depois de meses relutando em procurar ajuda, eu fui levada a um terapeuta especialista em dançaterapia, e o esforço que se seguiu me levou a uma ligação muito mais profunda com meu corpo. As pessoas que passam por doenças ou oposições frequentemente descobrem novos amigos e apoios que os ajudam a passar pela crise.

Quando somos visitados pelos anjos de Restrição, a melhor coisa a fazer é nos retirar para nosso próprio refúgio particular, que pode consistir de um local de meditação profunda, longas caminhadas solitárias ou do mergulho numa banheira quente tendo como companhia apenas nossos próprios pensamentos. Quando continuamos nesse caminho, estamos nos definindo ao nos conectarmos aos níveis mais profundos de nosso ser individual. Podemos nos sentir longe do mundo, mas perto de Deus. Durante essa retirada, essa contração pessoal de nossa energia, podemos nos colocar mais em contato com os nossos próprios caminhos individuais de ver e vivenciar as coisas. Aprendemos a discernir, a prestar atenção ao que é importante e a reduzir nosso envolvimento com o trivial. Mais importante ainda, quando aprendemos a ouvir as mensagens dos anjos, gradualmente começamos a confiar em Deus de modo mais profundo, pois nos conscientizamos de que estamos o tempo todo recebendo mensagens.

Desenvolvemos também um nível mais profundo do que é chamado de "consciência", uma palavra que já foi um dia um termo ético importante, mas que foi deixado de lado. Literalmente, significa "conhecer junto com", um conhecimento que nos liga às realidades maiores do que as que podemos conceber. Quando nos desligamos de nossa consciência, nos examinamos à luz de nossos valores mais elevados. Tornamo-nos introspectivos e descobrimos nossa verdadeira orientação em relação à vida. Criamos uma ética pessoal, frequentemente muito mais exigente do que a da cultura que nos cerca. Tornamo-nos mais cuidadosos em evitar prejudicar a nós mesmos e aos outros, física, emocional e espiritualmente. Perguntamos frequentemente a nós mesmos: "Será que estamos vivendo impecavelmente, de modo comprometido e consistente com o que sabemos ser bom e com o que compreendemos como a vontade de Deus?" Um autoexame sincero e honesto é um recurso importante para a construção da nossa autoestima.

Quando desenvolvemos essa característica, podemos viver sem medo do julgamento dos homens. *Guevurah*-Restrição é vista classicamente como em associação com a severidade e o julgamento. Por muitas vezes, estamos menos preocupados com a opinião de Deus do que com a de outros seres humanos. Se passarmos a conhecer nossa própria consciência, o medo do julgamento humano desaparecerá como névoa. Por outro lado, nosso relacionamento com Deus também se tornará mais claro. Uma história hassídica famosa conta sobre um homem simples chamado Zusya, que vivia na pobreza e na devoção a Deus. Quando ele ficou doente, pouco antes de morrer, chorou muito. Seus discípulos perguntaram por que fazia isso: "Reb Zusya, você foi tão bom quanto Abraão! Você foi tão devotado quanto Isaque! Com certeza não precisa ter medo do julgamento de Deus". Zusya respondeu. "Deus não vai me perguntar: 'Por que você não foi como Abraão? Por que não foi como Isaque?' Ele vai me perguntar: 'Por que você não foi Zusya?'"

Deus diz a cada um de nós: "Eu criei você de modo único e belo, para refletir a imagem divina. Onde você ficou aquém do que deveria ter sido?"

Conquistando a imperturbabilidade

Chesed-Expansividade provoca uma sensação tão grande de plenitude e segurança que contém a possibilidade da ostentação e do orgulho. *Guevurah*-Restrição coloca essa possibilidade em xeque, nos trazendo de volta à humildade, que é o único lugar em que pode acontecer o crescimento espiritual. Quando aceitamos como dons angélicos as restrições que nos foram dadas, o resultado é a imperturbabilidade.

Muitas tradições espirituais ensinam sobre a importância de conquistarmos esse atributo. O *The Code of Jewish Law* começa com a frase "Tenho posto sempre o Eterno diante de mim", o que, segundo os místicos, pode significar: "Eu torno tudo igual diante de Deus". A cabala nos ensina que, se formos movidos de algum modo por acontecimentos ou pessoas, sentindo a aprovação como prazer e a desaprovação como sofrimento, ainda não estamos prontos para avançar no caminho espiritual. Esta é uma história sobre um rabino místico dos primeiros séculos de nossa era que exemplifica esse ensinamento:

> Uma vez, um sábio foi a um mestre de meditação e pediu para ser aceito em sua sociedade.
>
> O outro respondeu: "Meu filho, seja abençoado diante de Deus. Suas intenções são boas. Diga-me, no entanto, você já atingiu a imperturbabilidade ou não?"
>
> O sábio disse: "Mestre, explique-me suas palavras".
>
> O mestre de meditação disse: "Se um homem louva você e o outro o insulta, os dois são iguais aos seus olhos ou não?" Ele respondeu: "Não, meu mestre, eu sinto prazer por aqueles que me louvam, e dor por aqueles que me degradam. Mas não me vingo nem guardo rancor". "Vá em paz, meu filho [...]. Você não está preparado para ligar seus pensamentos ao alto, a ponto de vir e meditar. Vá, torne seu coração mais humilde e aprenda a tratar tudo com igualdade."[5]

A imperturbabilidade pode se desenvolver quando reconhecemos que tudo vem de Deus, e somos simplesmente o canal para recebê-lo e transformá-lo. A Bíblia conta uma história do rei Davi, que era objeto de muita controvérsia e até mesmo de ódio por parte de seus adversários, que o consideravam usurpador do trono de Saul. Um dia, ele estava caminhando com alguns de seus soldados, e um homem na beira da estrada começou a amaldiçoá-lo. O guarda-costas de Davi, indignado com os insultos do homem, se ofereceu para matá-lo.

> Respondeu o rei: "Que tenho eu convosco, filhos de Zeruia? Ora, deixai-o amaldiçoar; pois se o Senhor lhe disse: Amaldiçoa a Davi, quem diria: Por que assim fizeste? [...] Deixa-o, que amaldiçoe, pois o Senhor lhe ordenou. Talvez o Senhor olhará para a minha aflição e o Senhor me pagará com bem a sua maldição nesse dia". (2 Samuel 16:10-3)

A vingança pelo mal recebido não é uma resposta, mas a fé em Deus. Isso é, no entanto, mais fácil de se dizer do que de se fazer. Quando experimentamos as energias de Expansividade e Restrição, devemos aprender a permitir que dor e desapontamento *sejam* simplesmente o que são. Com o tempo, descobriremos que na verdade tudo é simplesmente uma lição. Com essa imperturbabilidade, vem a humildade. E humildade significa reconhecer nossa realidade autêntica como canais da divindade nesse mundo. Nossa *sefirah* central de *Tiferet*-Esplendor é então infundida com nova força interior.

Correndo e retornando

O caminho espiritual não se completa com a mera aceitação. A imperturbabilidade é uma fundação estável para explorações mais profundas, amplas e elevadas. Um novo nível de desejo se agita em nosso coração porque, em meio a grandes bênçãos e momentos difíceis, desejamos expressar nossa gratidão e amor a Deus. Nós nos vemos buscando ir além do fluxo de experiências normais e além da consciência das forças angélicas, para nos conectarmos com Deus, com nossa fonte, com o uno. Deus se torna o amado, aquele que buscamos. Mesmo assim, sempre nos descobrimos limitados em nossa capacidade de estarmos com Ele. Podemos começar a ter experiências de intimidade — em hebraico chamadas de *devekut*, ou "comunhão" com Deus — mas também nos encontramos muitas vezes separados, sentindo-nos longe Dele.

Nas grandes religiões e tradições, os temas relacionados à união com Deus e à separação Dele são frequentemente mencionados. A famosa obra de João da Cruz, "A Noite Escura da Alma", é uma das várias obras medievais que giram em torno do desejo da alma por Deus. O Cântico dos Cânticos na Bíblia é uma expressão da tradição judaica sobre esse tema profundo. Tradicionalmente, o poema é compreendido como uma alegoria do relacionamento entre Deus e Israel, ou, alternativamente, entre Deus e a humanidade. Nele encontramos expressa a consciência de separação:

> Para onde foi o meu amado, ó mais formosa entre as mulheres? Que rumo tomou o teu amado? E o buscaremos contigo.

E da união:

> Eu sou do meu amado, e meu amado é meu.

Os místicos chamam essa experiência "correr e retornar".[6] "Corremos" em direção ao Divino, "retornamos" à nossa existência normal. Os momentos de "corrida" na experiência mística energizam as *sefirot* superiores de *Chochmah*-Sabedoria e *Binah*-Entendimento, nos levando a níveis de iluminação e revelação que transcendem nossa experiência pessoal. Esses níveis são completamente holísticos, parte do mundo da unidade, indivisíveis em entidades individuais. Como vimos no Capítulo 2, os sábios judeus diziam que as três *sefirot* superiores são "benignidade total", o que significa que quando as vivenciarmos, nós as conheceremos como energias completas e inequívocas do amor divino incondicional.

Essas experiências são raras — mas talvez não precisem ser tão raras quanto imaginamos às vezes. Podemos encontrar energias de Entendimento e Sabedoria em sonhos, meditações ou outros estados alterados da consciência. A iluminação de Sabedoria pode vir como uma experiência de luz, consciência ou amor. Pode ser que você acorde uma manhã se sentindo completa e profundamente em paz. A experiência de Entendimento normalmente tem um conteúdo mais especifico. Você pode descobrir, por exemplo, enquanto estuda (usando a energia de *Da'at*-Conhecimento), que o significado de um dos símbolos de sua religião se torna transparente, e você sente que o compreende profundamente. Ou pode ter um sonho especial que permanece em sua mente, dando a você uma sensação se segurança, mesmo sem compreendê-lo realmente.

Não é fácil se apegar a esse tipo de experiência na vida cotidiana. Essa dificuldade é o que os místicos definem como o aspecto de "retornar". Temos frequentemente dificuldade em nos lembrar de nossos sonhos, e muitas vezes duvidamos da veracidade das experiências "transconscientes" de que temos conhecimento. Como resultado, não acreditamos que intuição e inspiração são "reais" ou que sonhos, clarividência ou consciência visionária realmente podem nos levar aos reinos superiores. No entanto, como a categoria de experiências angélicas, que são mensagens úteis de uma qualidade extraordinária, as experiências intuitivas e visionárias também são reais.

Os mestres místicos também nos dizem que essas experiências têm correspondentes emocionais. Sentimos amor e expansividade quando corremos para Deus. Quando retornamos, sentimos nossa pequenez e distância, a nulidade do nosso ego. No judaísmo, essas emoções são denominadas amor e maravilha; elas correspondem aos lados de Expansividade e Restrição. O *Tanya* as descreve como duas asas de um pássaro; precisamos das duas para que possamos voar para o alto, isto é, para alcançarmos proximidade com Deus. No amor, podemos nos identificar com Deus e desejar nos conectar com o Divino. No maravilhar, recuamos e ficamos à distância, por assim dizer; em alguns momentos, como escreveu Kierkegaard, com "temor e tremor", pois, como vimos antes, Deus é às vezes fogo consumidor.

Essas ondas de experiência são normais. Não se pode permanecer próximo de Deus por muito tempo. Mesmo os grandes mestres espirituais têm momentos de proximidade com Deus e outros de aparente separação, sentindo-se distantes Dele. Nós às vezes nos sentimos em contato com a revelação e a inspiração, ou temos vislumbres e aceitamos profundamente as lições da vida. Em outros momentos, nos sentimos como se estivéssemos fazendo exatamente o melhor para viver de acordo com as regras e administrarmos nosso cotidiano. Deus sempre está presente, mas a natureza da existência é tal que nós às vezes montamos sobre Seus ombros, por assim dizer, e em outras somos parte do eixo que faz com que as rodas girem. Precisamos vencer todos os sentimentos de desânimo que aparecem. "Nunca desista!", disse o rabino Nachman. Às vezes podemos sentir que estamos em frente a um muro de tijolos, mas logo veremos que é apenas um portal. Quando somos capazes de abri-lo, novas possibilidades aparecem.

Observe, porém, que essa descrição, típica de muitas explicações sobre correr e retornar, sugere que retornar é algo negativo. Eu quero sugerir aqui um ponto de vista diferente. Sim, o místico anseia por Deus e se sente à deriva e sozinho, enquanto a vida passa num ritmo "normal". Se ele se apegar à ideia de que a verdadeira espiritualidade é a fase do correr, sua espiritualidade estará alimentando seu ego! O que Deus quer de nós é que ansiemos *tanto* por manifestar a divindade em nosso cotidiano *quanto* por sermos profundamente iluminados. Se realmente entendermos que Deus está presente em tudo e em todo lugar, retornar pode ser tão compensador quando correr.

A espiral da consciência amorosa

A consciência de que correr e retornar são simplesmente duas direções e de que um ato não vale menos do que o outro é crucial para a nossa compreensão da cabala. De fato, só poderemos "subir" (correndo) se também "descermos" (retornando). Podemos nos aprofundar espiritualmente apenas se estivermos dispostos a sair de dentro de nós mesmos, estendendo as mãos para os outros. Podemos estudar, orar e meditar à vontade, mas essas práticas inevitavelmente se tornarão egocêntricas se não incorporarmos também a ação compassiva em nossa vida. Não podemos entrar nos reinos superiores exercendo apenas nossa vontade pessoal. Em vez disso, precisamos fazer a vontade de Deus. É por isso que se espera que todo místico judeu seja praticante, cumprindo com as *mitsvot* (mandamentos) da Torá. Também é por isso que muitos deles se sacrificaram, cuidando dos pobres e doentes, ou desafiaram as restrições desumanas da sociedade à qual pertenciam.

Alguns elementos da prática apontam para acima: oração, estudo e meditação, para Conhecimento, Entendimento e Sabedoria. Outros, como a caridade e o cuidado com a saúde, atraem as energias da compaixão e da sabedoria para abaixo, por meio de Perseverança, Entrega, Fundamento e Manifestação. Para acima ou para abaixo, todas são *prática*. Nós as praticamos porque são boas e porque são atos divinos, com um pouco de apego pessoal e o máximo de humildade possível. Quando despertamos para essa consciência, um novo movimento começa entre todas essas *sefirot*. Nossa ascensão também contribui para a elevação do que está abaixo, e nosso envolvimento com as energias das *sefirot* inferiores desperta anseios mais profundos de conexão com os reinos superiores.

À medida que avançarmos, com o tempo veremos que até mesmo a divisão entre "acima" e "abaixo" é artificial, porque todas as energias procedem e retornam ao coração, nosso núcleo central, a energia de *Tiferet*-Esplendor se manifestando em nós. Lembre-se de que a *sefirah* Esplendor é a da encarnação divina-humana. Como diz o *Zohar*, é o arco que mantém tudo unido, desde os mais altos céus até os lugares mais profundos da Terra. Quanto mais unidos estivermos com nossa prática, mais nos veremos transformados em canais para a divindade.

Deixe-me esclarecer o máximo possível esse ponto, representando-o na Árvore da Vida. O movimento de conexão compassiva, com Deus e com o mundo, é uma espiral que se move em sentido ascendente, em torno e através de todas as *sefirot*. Observe cuidadosamente o diagrama na página seguinte, enquanto seguimos o fluxo de energia.

A partir do coração-centro de Esplendor, uma flecha segue a energia até Restrição e Expansividade. Sentimos em nosso coração que estamos sendo continuamente direcionados e apoiados por Restrição e Expansividade. Essa consciência transforma em nós a percepção do nosso ambiente social, de nossos amigos, da maneira como passamos nosso tempo, e da maneira como vivenciamos nossa vida emocional. Essas percepções então despertam novas energias nas *sefirot* Perseverança e Entrega, como a seta seguinte sugere.

Quando percebemos a nós mesmos e aos nossos relacionamentos de modo diferente, começamos a ver mais bondade no mundo. Esse deslocamento de consciência nos conecta às *sefirot* mais superiores, como a próxima seta mostra, porque consiste de uma tentativa de ver o mundo através dos olhos de Deus. A cada fase da criação do mundo, Ele

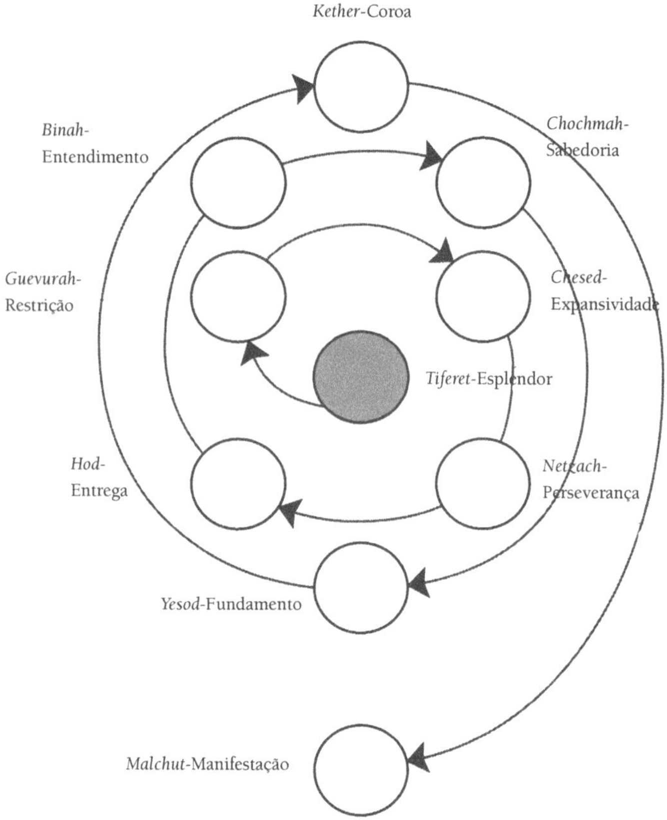

disse: "É bom". Por isso o rabino Kook escreveu: "É uma arte de grande iluminação [...] imitar os olhos de Deus, que focalizam apenas o bem".[7] Nós também queremos ver a bondade no mundo, para vermos além das aparentes diferenças e separações, e para nos lembrar de que há um Deus amoroso por detrás de tudo o que se manifesta no universo. Isso significa se ligar a Entendimento e Sabedoria.

Com essa nova visão, vem uma revelação maior de Entendimento e Sabedoria, ampliando nossa concepção do cosmos. Começamos a reconhecer que acontecimentos e pessoas familiares são apenas uma pequena parte de um grande projeto, que tem se desenvolvido ao longo do tempo, e que envolve bilhões de almas nesta Terra. A partir dessa perspectiva, nossa própria história parece diferente. Podemos contá-la de modo diverso, podemos passar nossa herança adiante numa luz diferente e maior — as revelações de cima afetam nossa ligação com Fundamento, o que é representado pela seta que vai de Entendimento e Sabedoria até Fundamento.

O mover das energias profundas da criatividade em Fundamento sobe então em espiral até Coroa, seguindo a seta seguinte. Em algumas formas de yoga, a ligação entre essas duas energias está descrita como uma experiência física (*kundalini*) na meditação profunda. O que às vezes é descrito como o desenrolar da serpente é paralelo à ideia de espiral.

Mesmo essa energia superior desce novamente em espiral até Manifestação. Nossos atos no mundo então têm o potencial de ser embebidos com a energia do Divino. Como raios de luz, como gotas de chuva brilhantes, temos a capacidade de trazer vitalidade ao mundo ao nosso redor. Como manifestações da alma divina, podemos tornar a vida significativa, vibrante, excitante, alegre. Além disso, quando completamos o circuito atuando no mundo, a espiral de energia muda de sentido, subindo até a *sefirah* Coroa, que então energiza o todo novamente, voltando enfim ao coração, enchendo-o com mais amor e paixão por Deus e pela bondade.

Essa redescrição da dinâmica entre as *sefirot* é muito importante. Ela nos lembra de que nossa energia criativa sai em espiral e retorna ao coração, o lugar de Esplendor, a imagem divina. Não devemos ser tentados pela transcendência de experiências deliciosas da consciência das *sefirot* Entendimento ou Sabedoria, a ponto de esquecermos nossa missão no mundo. Nem devemos confiar demais nem mesmo na *sefirah* Conhecimento, ou a ela facultar nosso estudo e concentração, pois uma pessoa pode ser extremamente inteligente, mas dura de coração. Rabino Dessler, um especialista moderno em desenvolvimento pessoal ético, escreve: "Deus escolheu [...] as percepções do coração [...] o intelecto pode voar alto, mas apenas o coração pode influenciar as ações".[8] Segundo a perspectiva da cabala, os níveis superiores devem se unir aos inferiores, e isso só pode acontecer no coração. *Tiferet*-Esplendor é o local da paixão pela vida e da compaixão pelos outros, do amor a Deus, do propósito divino para toda a criação.

A conexão que a cabala incorpora entre os mundos superiores e inferiores, entre os cumes mais elevados do espírito e as tarefas normais da vida, não acontece por acaso. No judaísmo, as técnicas místicas foram originalmente desenvolvidas pelos antigos profetas, que exigiam que reis, sacerdotes e homens ricos atentassem ao que Deus queria no mundo: cuidar dos pobres e aliviar o sofrimento dos oprimidos. A cabala, por mais visionária e esotérica que seja, se enraíza na tradição do cuidado com o mundo. Essa intensa sensação de responsabilidade se desvaneceu no plano de fundo em certas ocasiões, mas é absolutamente essencial.

Não se pode se erguer mais alto do que se pode se dobrar. Se não nos envolvermos em atos compassivos em relação a nossa família, comunidade e sociedade, nossa capacidade de ascender será limitada. Por outro lado, se não tivermos uma prática espiritual que nos chame a subirmos às alturas, seremos limitados pelas forças naturais do mundo social e físico quanto ao que queremos realizar.

Esse é o verdadeiro sentido de "correr e retornar". Correr significa ir em direção a Deus; retornar significa voltar, não somente para o eu, mas para um envolvimento lúcido e cuidadoso no mundo. Retornar significa usar nossa nova visão para ver as coisas de modo diferente, usando nossa sensibilidade mais profunda para sentirmos compaixão.

O dom da alma

O crescimento espiritual, assim como o físico, nem sempre acontece suavemente e sem altos e baixos. De tempos em tempos, podemos nos ver fora de sincronia com partes da nossa vida. Os adultos que trilham um caminho espiritual frequentemente vivenciam montanhas-russas emocionais que pensavam ter deixado para trás na adolescência. Quando nos entregamos a uma prática religiosa, por exemplo, ou voltamos a alguma delas abandonada há muito tempo, nossa família pode ficar desorientada. Também podemos não nos sentir tão seguros quando ao que estamos fazendo. Dizemos a nós mesmos: "Será que vale a pena? Talvez eu devesse simplesmente esquecer essa história", ou fingimos uma certeza que na verdade não sentimos, e saímos por aí pregando para nossos amigos sobre como nossa nova prática é maravilhosa:

"Você deveria tentar fazer meditação; vai ajudar a consertar sua vida". Na verdade, o que está sendo despertado em nós é uma maior compaixão e um relacionamento mais cordial com o mundo.

Tenha fé de que, à medida que cada questão em sua vida for trazida à luz de um propósito espiritual, você ficará cada vez mais em sintonia com sua própria essência divina. É quase certo que você será chamado a voltar e a rever certas questões de sua história pessoal, para sintonizar tudo com um próximo nível. Por exemplo, depois que eu comecei um novo nível de trabalho espiritual num grupo de estudos de sonhos, tive uma série deles que eram muito interessantes, porque pareciam sugerir uma jornada espiritual verdadeira. Então comecei a sonhar com meus pais, com velhos amigos e com o que me parecia ser questões psicológicas familiares. Minha professora do curso de sonhos me assegurou de que eu não estava me tornando mais neurótica apenas por reintegrar minha percepção de meus pais e minha infância numa nova imagem de mim mesma. Com o tempo, eu vi o mesmo processo acontecer com outros sonhadores, e descobri em minha própria vida que o que ela tinha dito era verdade.

Com o tempo, nós chegaremos a um lugar onde não mais nos sentiremos limitados pelo passado nem ansiosos em relação a nosso caminho no futuro. Nós nos tornaremos confiantes — espero que sem arrogância — de que estamos no caminho da manifestação de nossa alma, sendo quem fomos criados para ser. Não nos tornaremos gurus de repente nem desenvolveremos relacionamentos surpreendentemente românticos com nosso cônjuge. De fato, muitas vezes nós não passaremos absolutamente por nenhuma mudança externa óbvia. Como o monge zen, continuaremos rachando lenha e carregando água. Mas assumimos a responsabilidade de fazer escolhas conscientes no contexto de um comprometimento total com a vida: hoje, aqui e agora, continuaremos a polir nossas lamparinas e a fazer que a luz da divindade brilhe através de nós.

Normalmente, quando desenvolvemos a espiritualidade, recebemos mais escolhas e mais responsabilidades. Isso acontece com quase todos que começam a demonstrar mais confiança, fé e coragem no trabalho da alma. É como se os anjos de Deus estivessem monitorando nosso progresso e limpando nossa lamparina de seus sedimentos, e, quando nossa luz começa a brilhar um pouco mais, nos é dada uma maior área para iluminar. Por isso, à medida que nos aproximamos de Deus, nos erguemos para uma perspectiva mais elevada na montanha, por assim dizer. Vemos mais trabalho a ser feito, e sentimos uma maior responsabilidade por ele. Esse deslocamento não torna necessariamente nossa vida mais fácil, mas nosso trabalho se torna mais interessante, vibrante e recompensador.

Essa é a maneira de trazermos os dons de nossa alma para a Terra. Ao mesmo tempo, não basta desejar isso para conseguimos diretamente. O segredo supremo do céu é que o dom de nossa alma não depende de nossa vontade consciente, mas nos vem à medida que nos entregamos cada vez mais profundamente na maneira de reagirmos ao que quer que apareça diante de nós a cada dia. Muitos mestres espirituais insistem que a obra da vida consiste mais de sairmos do caminho de Deus do que fazer o que pensamos que precisa ser feito. O Mestre Eckhart escreveu: "Deus penetra em suas atividades na medida em que você elimina seu ego delas [...] As pessoas não devem considerar tanto o que *fazem* quanto o que *são*; que *sejam* bons em seus caminhos, e seus atos brilharão grandemente".[9] Essa é a meta de uma vida verdadeiramente humana. Podemos realmente aspirar a nos tornarmos vasos vazios, recebendo a energia divina de nossa própria alma e traduzindo-as em realidade terrena. Quando a lamparina estiver completamente limpa, as cores radiantes do arco-íris brilharão através dela, e seu eu mais profundo sentirá sua harmonia com o propósito divino.

> Deixemos que nosso espírito modele para nós suas criações. Nós reconhecemos o anjo, cheio de vida, que está presente no ato do nascimento, que traz à existência Suas criações. Ele se lança em nossa direção a partir do grande além, ele se aproxima de nós, ele se revela em nossa alma. Ele agora veio.
>
> — *Rabino Abraham Isaac Kook*[10]

Na página seguinte, para você rever, estão as *sefirot* como descritas por mim no Caminho da Lembrança.

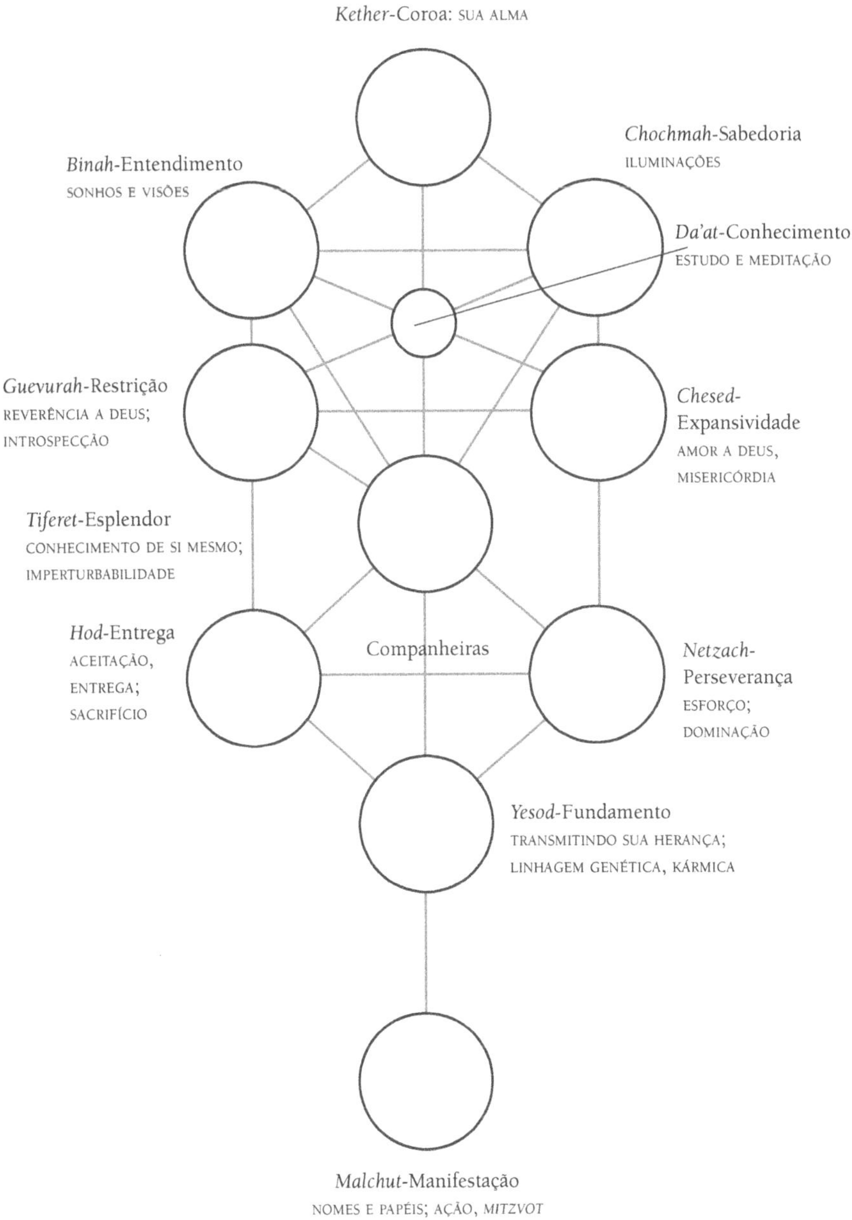
Kether-Coroa: SUA ALMA
Chochmah-Sabedoria
ILUMINAÇÕES
Binah-Entendimento
SONHOS E VISÕES
Da'at-Conhecimento
ESTUDO E MEDITAÇÃO
Guevurah-Restrição
REVERÊNCIA A DEUS;
INTROSPECÇÃO
Chesed-
Expansividade
AMOR A DEUS,
MISERICÓRDIA
Tiferet-Esplendor
CONHECIMENTO DE SI MESMO;
IMPERTURBABILIDADE
Hod-Entrega
ACEITAÇÃO,
ENTREGA;
SACRIFÍCIO
Companheiras
Netzach-
Perseverança
ESFORÇO;
DOMINAÇÃO
Yesod-Fundamento
TRANSMITINDO SUA HERANÇA;
LINHAGEM GENÉTICA, KÁRMICA
Malchut-Manifestação
NOMES E PAPÉIS; AÇÃO, *MITZVOT*

Notas

Introdução: Uma nota sobre a história da cabala

1. Veja Neil Asher Silberman, *Heavenly Powers: Unraveling the Secret History of the Kabbalah* (Nova York: Grosset/Putman, 1998), para uma história geral dos movimentos místicos judaicos concentrados nas ideias culturalmente radicais que esses movimentos promulgavam.
2. As obras mais conhecidas de Luzzato traduzidas para o inglês são: *Path of the Upright: Mesillat Yesharim* (Nothvale, N.J.: Jason Aronson, 1995), *The Knowing Heart* (Nova York: Philip Feldheim, 1982), e *The Way of God: Pocketbook Edition* (Nova York: Philip Feldheim, 1999).
3. Um exemplo disso foi o rabino Samson Raphael Hirsch, que mais tarde se tornou um dos extraordinários comentaristas à Torá do século XIX e defensor do judaísmo tradicional em face do reformista. Os leitores cristãos frequentemente gostam de seu famoso livro *The Nineteen Letters About Judaism*, traduzido por Karin Paritsky (Nova York: Phillip Feldheim, 1996), pois esclarece muito bem o conflito entre religião e modernidade.

Capítulo 1

1. A ideia de esquecermos nossa origem e sofrermos pela desilusão é também platônica; o misticismo judaico floresceu por oito séculos num ambiente permeado de neoplatonismo. No entanto, as

interpretações místicas são em geral consonantes com as tendências rabínicas, mesmo quando tiverem aparentemente assimilado alguns conceitos da cultura circundante.

2. Abraham Joshua Henschel, *Moral Grandeur and Spiritual Audacity: Essays*, org. por Susannah Heschel (Nova York: Farrar, Straus & Giroux, 1996), p. 6.
3. Rabino Schneur Zalma de Liadi, fundador do Chabad-Lubavitch, explica no *Likutei Amarim: Tanya* (Brooklyn, N.Y.: Kehot Publication Society; 1981; posteriormente citado como *Tanya*), 1:23, p. 95, que, quando uma pessoa faz a vontade de Deus ao cumprir com as *mitzvot* (mandamentos) a ação física é "...como um corpo em relação à alma, a 'alma' sendo a Vontade Suprema [de Deus] à qual ele se rendeu completamente. Desse modo, os órgãos do corpo humano que obedecem ao mandamento [...] se tornam um veículo para a Vontade Suprema; como, por exemplo, a mão que distribui caridade para os pobres".
4. A maioria das pessoas está consciente de que a Torá e a tradição rabínica prescrevem muitos mandamentos para os judeus (seu número tradicional é 613), mas os sábios da antiguidade também afirmavam que há sete Leis Noéticas para não judeus. Eles as tiraram de relatos bíblicos da época de Noé. Essas leis incorporam regras básicas da ética e espiritualidade na vida, que foram reveladas à humanidade e incluem evitar idolatria, blasfêmia, assassinato, roubo, adultério e ferimentos a animais, e ordenam estabelecer tribunais de justiça para administrar as leis.

Capítulo 2

1. Rabino Nachman de Breslov, "O Príncipe Peru" em *Rabi Nachaman Stories*, trad. Rabi Aryeh Kaplan (Jerusalém: Breslov Research Institute, 1983), pp. 479-80.
2. Symeon the New Theologian, de *The Moral Speeches*, Nº10, traduzido dos Greek Fathers por Elpenor, em www.ellopos.net/

elpenor/greek-texts/fathers/symeon-withusgod.asp, acessado em 2 de março de 2006.

3. Thomas à Kempis, *Imitation of Christ*, Livro 2, trad. William Benham (Project Gutenberg, 1999), 4:2
4. Ayeh Kaplan, *Sefer Yetzirah: The Book of Creation* (York Beach, Maine: Samuel Weiser, 1997) 1:5, p. 44.
5. Sefer Yetzirah: 1:1, p. 5 Dionísio Aeropagita, *On the Divine Names and the Mystical Theology*, org. por Clarence Edwin Rolt (Grand Rapids: Mich.: Christian Classics Ethereal Library, 2005; originalmente Londres: SPCK, 1920), encontrado online em www.ccel.org/ccel/rolt/dionysius.html, acessado em 6 de março de 2006. Um importante pensador irlandês-escocês, do século XIX, que reavivou a teologia cristã, Johannes Scotus Erigena, também deu grande significado aos nomes.
6. Além das dez *sefirot*, a tradição recebida da cabala fala de quatro "Mundos", desde a primeira emanação da luz divina até o mundo físico em que vivemos. Em resumo, eles são denominados Emanação (de Deus), Criação, Formação e Ação. Cada um desses mundos corresponde a uma letra do nome santo de quatro letras de Deus. Cada mundo possui outros níveis dentro dele, e cada nível no interior dos mundos é um véu que mascara a divindade. Por isso, há dimensões mais complexas que não poderei tratar neste livro.

Capítulo 3

1. Rabino Abraham Isaac Kook, *The Lights of Penitence, The Moral Principles, Lights of Holiness, Essays, Letters and Poems*, trad. Ben Zion Bokser (Nova York: Paulist Press, 1978), p. 225
2. David Bohm, "Postmodern Science and Postmodern World", em *The Reenchantment of Science: Postmodern Proposals*, org. por David Ray Griffin (Albany, N.Y. State University of New York Press, 1988), p. 63.

3. Brian Swimme e Thomas Berry, *The Universe Story: From the Primordial Flaring Forth to the Ecozoic Era: A Celebration of the Unfolding of the Cosmos* (San Francisco: HarperSanFrancisco 1994), p. 138.
4. *Tanya* 1:37, pp. 166-67. O autor comenta o versículo: "A ti te foi mostrado para que soubesses que o Senhor é Deus; nenhum outro há senão Ele" (Deuteronômio 4:35).
5. *Tanya* 1:2, p. 7; cf. 2:8-9, p. 325.
6. Kaplan, *Sefer Yetzirah*, p. 12. Alguns intérpretes colocam as almas um nível acima das *sefirot* (*Binah*-Entendimento, que corresponde ao mundo de *Briah* ou Criação).
7. Kook, *Lights of Penitence*, p. 222.
8. Rabino Nachman de Breslav, *Likutei Moharan* (Jerusalém: Breslov Research Institute, 1986-2000), Lição 38.
9. Emmanuel Schochet, "Mystical Concepts of Chassidism", em apêndice ao *Tanya*, p. 846. Para uma discussão sobre as diferentes filosofias da cabala, veja rabino Yitzchak Ginsburg, "Basics in Kabbalah and Chassidut: Three Stages in the Evolution of Kabbalistic Thought", em www.inner.org/stages/stages.htm (Shechem, Israel: 2000), recuperado em 25 de maio de 2006.
10. Kaplan, *Sefer Yetzirah*, p. 14.
11. Veja Samson Raphael Hirsch, *Commentary on the Pentateuch*, Êxodo 25.
12. Rabino Mordechai Miller, *Sabbath Shiurim* [palestras] (Gateshead, Inglaterra: Gateshead Foundation for Torah, 1969), p. 89.
13. Rabino Chaim Kramer e Avraham Sutton, *Anatomy of the Soul* (Nova York: Breslov Research Institute, 1998), pp. 180, 185.
14. Veja Aryeh Kaplan, *Inner Space: Introduction to Kabbalah, Meditation, and Prophecy* (Nova York: Moznaim Publishers, 1990), p. 198, nº 19.

Capítulo 4

1. Swimme e Berry, *Universe Story*, pp. 35-6.
2. Para elaboração, veja *Tanya* 2:5, pp. 297-99.

3. Rashi, sobre Gênesis 1:1. O comentário de Rashi (Rabino Shlomo Yitzchak, século XI), o comentarista fundamental do judaísmo, está disponível na maioria das Bíblias hebraicas, e várias edições têm agora traduções ou paráfrases para o inglês de seus comentários mais importantes.
4. *The Bahir: Illumination*, tradução e comentário por Aryeh Kaplan (York Beach, Maine: Samuel Weiser, 1979), ditado nº 135, p. 50.
5. Moshe Chaim Luzzato, *The Knowing Heart*, trad. Shraga Silverstein (Nova York: Feldheim, 1982), p. 81.
6. Abraham Joshua Henschel, "The Meaning of This Hour", *in Between God and Man*, org. por Fritz A. Rothschild (Nova York: Free Press, 1997; original de 1959), pp. 255-57.
7. The Apter Rebbe, *Ohev Yisrael*, Vayetze 15b, citado em Aryeh Kaplan, *The Light Beyond: Adventures in Hassidic Thought* (Nova York: Maznaim Publishing, 1981), p. 50.
8. David Ray Griffin, "Of Minds and Molecules: Postmodern Medicine in a Psychosomatic Universe" *in Reenchantment of Science*, org. por Griffin, p. 143.
9. Nachman de Breslov, *Rabbi Nachman's Stories*, pp. 385-89.

Capítulo 5

1. No judaísmo, a tradição rabínica diz que desde a destruição do templo, três coisas substituíram o sacrifício: oração, doação para caridade, e nossa mesa (santidade ao comer). Essas são maneiras de começar a "obliterar todo ego".
2. Veja Barbara Ehrenreich, *Blood Rites: The Origins of the Passions of War* (Nova York: Heny Holt and Company, 1997).
3. Essa interpretação tem base no versículo bíblico que designa as sete *sefirot* inferiores: "Teu, Senhor, é o Poder, a Grandeza, a Honra, a Vitória e a Majestade, porque teu é tudo quanto há nos céus e na terra; teu, Senhor, é o Reino" (1 Crônicas 29:11). Veja Kaplan, *Sefer Yetzirah*, p. 25.

Yesod-Fundamento também pode incluir a popularmente chamada história kármica de uma pessoa; o termo *karma* das filosofias indianas significa os resultados das ações que foram realizadas em todas as vidas. Muitos cabalistas também afirmaram que as almas normalmente encarnam repetidamente e carregam o resíduo das vidas anteriores para cada uma das seguintes; mas você pode não encarnar imediatamente depois de completar o ciclo de sua vida anterior: uma alma pode reencarnar logo ou esperar durante séculos. Não é necessário, porém, acreditar em reencarnação para tirar proveito das revelações da cabala.

4. Enquanto muitas pessoas têm a impressão de que o caminho do judaísmo está descrito na Bíblia hebraica, esse na verdade não é o caso. A construção única do judaísmo é denominada *mesorah* — normalmente traduzida por "tradição". Ela consiste de uma comunidade interpretativa de eruditos — os rabinos — que fundamentam suas decisões no estudo das situações e decisões tomadas ao longo de aproximadamente trinta séculos na estrutura dos mandamentos ordenados na Torá escrita (os primeiros cinco livros da Bíblia hebraica). O conjunto de regras denominado *halacha* foi estabelecido para cada geração e para cada pessoa por um processo em que os eruditos respondiam a perguntas que surgiam na comunidade e buscavam respostas na Torá, de acordo com processos cuidadosamente definidos e com precedentes. Esse é um sistema poderoso que tem ajudado a manter a comunidade judaica viva e vibrante por milhares de anos.
5. Kaplan, *Sefer Yetzirah*, comentário a 1:1.
6. Rupert Sheldrake, *The Presence of the Past: Morphic Resonance and the Habits of Nature* (Rochester, Vt.: Inner Traditions, 1995).
7. Muitos intérpretes da Torá afirmam que essa mudança não é permissível e que não ocorreu no judaísmo autêntico. No entanto, o fato de diferentes aplicações terem sido realizadas é amplamente conhecido. Por exemplo, a Torá escrita permitia explicitamente certo tipo de escravidão, enquanto atenuava seus efeitos negati-

vos colocando fortes restrições relativas ao mestre. Com o tempo, a tradição rabínica proibiu a escravidão. Outro exemplo é que a pena capital era determinada para algumas infrações à lei, mas os rabinos criaram condições que a tornaram de muito difícil aplicação, de modo que o Sinédrio (Suprema Corte) que decretava uma execução a cada setenta anos era considerada uma corte cruel.

8. Kaplan, *Sefer Yetzirah*, p. 55.
9. *Tanya* 1:4, pp. 15-7.
10. *Tanya* 4:5, p. 415, 4:9, p. 437, ênfase acrescentada.
11. Para uma discussão recente, veja Wayne Muller, *Sabbath: Restoring the Sacred Rhythm of Rest* (Nova York: Bantam Doubleday, 1999).

Capítulo 6

1. Rabino Yitzchak Ginsburg, *The Alef-Beit: Jewish Thought Revealed Through the Hebrew Letters* (Northvale, N.J.: Jason Aronson, 1995), p. 8.
2. Veja acima, Capítulo 5, nota 3. Até aproximadamente 400 EC, a ideia de reencarnação era aceita na Igreja Primitiva.
3. *Pirke Avot* (*Ditos dos Pais*) 1:4, 3:2 Os textos descrevem *Netzach* e *Hod* como aludindo aos "Eruditos da Torá", aqueles que passam o tempo todo absorvendo e transmitindo ensinamentos espirituais.
4. Essa metáfora é de Connie Kaplan: veja *The Woman's Book of Dreams: Dreaming as a Spiritual Practice* (Portland, Ore.: Beyond Words, 1999).
5. A expressão clássica está na própria Torá, quando os Israelitas no Monte Sinai disseram: "*Na'aseh venishmah*", "Faremos e ouviremos". Em outras palavras, primeiro, obedeceremos aos mandamentos, e depois os integraremos a nosso ser. Como explica o rabino Chaim Kramer: "A premissa básica dos mandamentos é que quando 'agimos' de acordo com a moralidade objetiva da

Torá, ela se torna parte da construção espiritual e emocional da personalidade humana. Por isso, a Torá não nos ordena diretamente a 'sermos', mas a 'fazermos' [...] Seus mandamentos foram claramente criados por Deus para influenciar nossos traços de caráter básicos, mas para fazê-lo por meio de nossas ações" (Kramer, *Anatomy of the Soul*, p. 41).

Capítulo 7

1. Rashi, comentário sobre Gênesis 2:5.
2. Heschel, "On Prayer", em *Moral Grandeur*, p. 260.
3. Algumas excelentes discussões sobre esses assuntos podem ser encontradas em Larry Dossey, *Healing Words: The Power of Prayer and the Practice of Medicine* (San Francisco: HarperSanFrancisco, 1993).
4. "Motivar-se a aquietar a mente capacita a conexão de *Da'at* a *Kheter*, isto é, ao espiritual" (Kramer, *Anatomy of the Soul*, p. 193).
5. Reb Noson de Nemirov, *Likutei Halachot, Birkhat HaReiach*, 4:14-6, citado em Kramer, *Anatomy of the Soul*, p. 163. Comentários semelhantes vêm do mestre não chassídico rabino Eliyahu Dessler, que escreve que a capacidade de interiorizar o conhecimento, ou "retornar o conhecimento a seu próprio coração" é alcançada pelo uso da imaginação. Veja *Strive for Truth!* Parte 3 (Jerusalém: Feldheim, 1989), p. 235.
6. Samson Raphael Hirsch, *Horeb: A Phylosophy of Jewish Laws and Observances* (Londres: Soncino, 1962), pp. 427-28.
7. Veja Aryeh Kaplan, *Meditation and the Bible* (York Beach, Maine: Samuel Weiser, 1988).
8. Uma excelente discussão aparece na obra do rabino Dessler, "Being and Having", em *Strive for Truth*! Parte 3, pp. 195-205.
9. Para uma discussão sobre o "contrato de alma", veja Connie Kaplan, *The Invisible Garnment: 30 Spiritual Principles that Weave the Fabric of Human Life* (San Diego: Jodere Group, 2004).
10. Heschel, "To Be a Jew", *Moral Grandeur*, p. 7.

Capítulo 8

1. Bohm, "Postmodern Science", p. 67.
2. John Muir, "Mountain Thoughts" em *John of the Mountains*, org. por Linnie Marsh Wolfe (Madison, Wis.: University of Wisconsin Press, 1981 [orig. 1938]) em www.yosemite.ca.us/john_muir_writings/mountain_thouhgts.html, recuperado em 6 de março de 2006.
3. Veja Melvin Morse e Paul Perry, *Parting Visions* (Nova York: Ballantine Books, 1993).
4. Martin Luther King Jr. *Strength to Love* (Filadélfia: Fortress Press, 1986, p. 124.
5. Aryeh Kaplan, *Meditation and Kabbalah* (York Beach, Maine: Samuel Weiser, 1982), p. 143.
6. A famosa visão da carruagem pelo profeta Ezequiel (Ezequiel 1) contém esse conceito profundo. Num versículo (que, interessantemente, foi excluído da tradução grega, na qual muitas Bíblias cristãs se baseiam) diz simplesmente: "E as criaturas vivas correram e retornaram como raios de luz". Essa frase, "correram e retornaram" sugere aos cabalistas que até os anjos, que são descritos como seres que "nunca se desviaram do seu rumo", nem de sua missão, não permaneciam num relacionamento fixo com Deus. Eles estavam correndo e retornando, como se estivessem entrando e saindo da existência.
7. Kook, *Lights of Penitence*, p. 236.
8. Dessler, *Strive for Truth!*, p. 235.
9. *Mestre Eckhart: A Modern Translation*, trad. Robert. B. Blakney (Nova York: Harper & Row, 1941), p. 6.
10. Kook, *Lights of Penitence*, p. 213.

Glossário

Notas sobre a pronúncia: *ch* é pronunciado como um *rr*, como em carro.

O hebraico moderno israelita (assim com a dicção dos judeus sefaraditas) frequentemente, mas não sempre, acentua levemente a última sílaba, enquanto os judeus asquenazitas podem acentuar a penúltima sílaba, uma dicção influenciada pelo yidish. Por isso, *Binah* pode ser pronunciada bi-NÁ por um israelita, mas BÍ-na por um rabino oriundo da Europa Oriental. Outras diferenças também existem. As descrições abaixo estão em geral de acordo com a pronúncia israelita.

Adonai (A-do-nái): Um dos nomes de Deus, encontrado frequentemente na Bíblia hebraica e usado para se dirigir a Deus no livro de orações judaico; essa pronúncia substitui especificamente o nome de quatro letras de Deus (o Tetragramaton, frequentemente soletrado como Y-H-V-H nos textos modernos); normalmente traduzido como "Senhor".

Assiah (a-ssi-á): "Ação". O quarto e mais inferior dos Quatro Mundos de acordo com a cabala, a saber, o mundo da ação e da forma material.

Atzilut (at-zi-LUT): "Emanação". O primeiro e mais superior dos Quatro Mundos, de acordo com a cabala, no qual Deus começou a criar o universo, emanando energia divina.

Bahir (ba-IR): "Brilho". Um texto místico bem conhecido, provavelmente do século XI, mas possivelmente bem anterior, que descreve a estrutura do sistema das *sefirot* quase como são conhecidas hoje.

Binah (bi-NÁ): "Entendimento". A *sefirah* da têmpora esquerda, representando o modelo divino ou matriz divina das formas-pensamento; nutre e desenvolve lampejos de inspiração de *Chochmah*.

Briah (bri-Á): "Criação". O segundo dos Quatro Mundos, de acordo com a cabala, no qual a energia de Deus começou a tomar a forma de pensamento.

Cabala (ca-ba-LÁ): "Recebido". Geralmente, a tradição mística judaica que existiu desde aproximadamente o segundo século de nossa era até agora.

Chesed (rre-SSÉD): "Misericórdia". A *sefirah* do braço direito, com o atributo da expansividade e do amor altruísta.

Chochmah (rrorr-MÁ): "Sabedoria". A *sefirah* da têmpora direita, com o atributo de uma criatividade surpreendente, como um raio de inspiração.

Da'at (da-AT): "Conhecimento". A *sefirah* localizada no cérebro, que tem o atributo de interiorização e unificação o conhecimento, conectando a mente com as *sefirot* inferiores.

Devekut (dê-ve-KUT): "Comunhão". Um estado de elevação mística na qual o praticante alcança uma profunda comunhão com Deus.

Ein Sof (ÊIN SÓF): "Aquele que não tem fim". Um termo cabalístico comum para o Infinito, que é Deus, em seu mais transcendente aspecto.

Elohim (el-ô-RRIM): um nome para Deus encontrado frequentemente na Bíblia hebraica, compreendido na tradição judaica como a divindade ativa nas leis do mundo natural e na promoção da justiça. *Eloheinu* (el-ô-RRÊI-nu) é seu possessivo na primeira pessoa do plural, significando "nosso Deus": essa forma aparece frequentemente nas orações judaicas, como parte do nosso tratamento em relação a Deus.

Guevurah (guê-vu-RÁ): "Força", A *sefirah* do braço esquerdo, com as qualidades de restrição, disciplina e retraimento.

Halacha (rra-la-RRÁ): "A Caminhada". O termo geral para a lei judaica.

Hassidismo ou *Chassidismo*: Um movimento religioso popular judaico que surgiu no final do século XVIII na Europa Oriental, completamente inserido na estrutura ortodoxa, enfatizando a devoção na oração, o amor pelo semelhante e um relacionamento estreito entre mestre e discípulo. Os mestres hassídicos eram conhecidos por sua capacidade de transmitir conceitos difíceis do misticismo aos leigos.

Hod (RRÓD): "Glória". A *sefirah* do quadril esquerdo e da perna esquerda, compreendido aqui como "Entrega", enfatizando o atributo do sentimento e do processamento das informações emocionais.

Malchut (Mal-RRUT): "Reino". A décima das *sefirot*, dos pés, que expressa o mundo como ele é normalmente percebido; também é vista como a manifestação final da vontade divina.

Midah (mi-DÁ) (plural, *midot*, mi-DÔT): "Medida". Uma qualidade ou atributo de Deus. Nos contextos místicos, essa palavra normalmente se refere a uma das seis *sefirot* do centro (*Chesed, Guevurah, Tiferet, Netzach, Hod, Yesod*)

Midrash (mi-DRASH): O termo geral para a coleção de interpretações homiléticas e inspiracionais das escrituras, especialmente usando histórias e associações de palavras, produzidas entre o século III e VIII EC.

Mitzvah (mitz-VÁ) (plural, *mitzvot*, mitz-VÔT) "Mandamento".

Netzach (NE-TZARR): "Vitória". A *sefirah* do quadril direito e da perna direita, expressando perseverança e movimento.

Sefer Yetzirah (SÊ-fer iê-TZI-rá): "Livro da Criação". O antigo e influente livro místico judaico, possivelmente escrito em sua forma primitiva no século II EC, notável por suas complexas correlações numerológicas e matemáticas.

Sefirot (sê-fi-RÔT) (singular, *sefirah*, sê-fi-RÁ): as dez energias divinas manifestadas em todos os processos da criação.

Shabat (cha-BAT): O sétimo dia da semana, santo dia para a abstenção do trabalho e a celebração do repouso, observado desde antes do pôr do sol na sexta-feira até pelo menos uma hora depois do pôr do sol no sábado à noite.

Shema (ch-MÁ): "Ouve". A primeira palavra da afirmação de fé básica do judaísmo, enfatizando a unidade de Deus ("Ouve, Ó Israel, o Eterno é nosso Deus, o Eterno é um!); e, por extensão, o nome da recitação, duas vezes por dia, em oração, desse versículo e das passagens bíblicas associadas.

Talmud (TAL-mud): Os registros de extensas discussões entre sábios judeus sobre tópicos da lei e da prática judaica do século III ao VI, que formam o núcleo textual do judaísmo a partir daquele tempo. Apesar de os Talmudes terem sido reunidos e editados nas comunidades babilônicas e israelitas (Jerusalém), a palavra *Talmud* normalmente se refere ao *Talmud* Babilônico, mais completo, a menos que observado de outro modo.

Tanya (TA-nia): "Foi ensinado..." A primeira palavra e título comum do *Sefer Shel Benomim*, ou "Livro para a Pessoa Média", escrito pelo rabino Schneur Zalman de Liadi na virada do século XIX. Originalmente escrito para seus discípulos do grupo Chabad-Lubavitch, ele agora é visto como um clássico da filosofia hassídica e uma grande obra de autoajuda espiritual.

Tiferet (ti-FÉ-ret): "Esplendor". A *sefirah* do coração, expressando a união divina-humana de visão e de propósito.

Torah, Torá (to-RÁ): "Ensinamento." Os primeiros cinco livros da Bíblia hebraica, e a tradição de ensino e comentário com base nesses livros e no resto da Bíblia.

Tzimtzum (tzim-TZUM): "Contração". O retraimento da energia divina para seu próprio interior no princípio da criação, fazendo com que um espaço "vago" fosse criado, no qual o universo pôde surgir. Metaforicamente, a palavra pode significar retraimento da energia pessoal.

Yesod (iê-SSÓD): "Fundamento". A *sefirah* da região pélvica, que tem o atributo de canalizar e transmitir energia sexual, kármica e social.

Yetzirah (iê-tzi-RÁ): "Formação". O terceiro dos Quatro Mundos, de acordo com a cabala, indicando a etapa da criação na qual as coisas recebem seus atributos energéticos distintos.

Zohar (ZÔ-ar): "Radiância". Um texto místico clássico cujas fontes alegadamente remontam a um famoso rabino do século II, Shimon bar Yochai. Ele foi publicado e amplamente divulgado no início do século XIII, e oferece o fundamento para a maioria das escolas místicas de pensamento judaico.

Sugestões para leituras adicionais

Dan, Joseph. *Kabbalah: A Very Short Introduction*. Nova York: Oxford University Press, 2006.

Frankiel, Tamar. *The Gift of Kabbalah: Discovering the Secrets of Heaven, Renewing Your Life on Earth*. Woodstock, Vt. Jewish Lights Publishing, 2001.

Frankiel, Tamar e Greenfeld, Judy. *Entering the Temple of Dreams: Jewish Prayers, Movements, and Meditations for the End of the Day*. Woodstock, Vt.: Jewish Lights Publishing, 2000.

————. *Minding the Temple of the Soul: Balancing Body, Mind, and Spirit Through Traditional Jewish Prayer, Movement, and Meditation*. Woodstock, Vt.: Jewish Lights Publishing, 1997.

Green, Arthur. *Ehyeh: A Kabbalah for Tomorrow*. Woodstock, Vt.: Jewish Lights Publishing, 2004.

————. *Seek My Fate: A Jewish Mystical Theology*. Woodtock, Vt.: Jewish Lights Publishing, 2003.

Kramer, Chaim, org. e trad. *Anatomy of the Soul*. Jerusalém: Breslov Research Institute, 1998.

Kushner, Lawrence. *The Way Into Jewish Mystical Tradition*. Woodstock, Vt.: Jewish Lights Publishing, 2001.

Nachman de Breslov. *The Lost Princess & Other Kabbalistic Tales of Rebbe Nachman of Breslov*. Traduzido por Aryeh Kaplan. Woodstock, Vt.: Jewish Lights Publishing, 2005.

———. *The Seven Beggars & Other Kabbalistic Tales of Rebbe Nachman of Breslov*. Traduzido por Aryeh Kaplan. Woodstock, Vt.: Jewish Lights Publishing, 2005.